中国电子信息工程科技发展研究

# 虚拟现实和增强现实专题

中国信息与电子工程科技发展战略研究中心

科学出版社

北　京

# 内 容 简 介

本书首先从虚拟现实/增强现实提出的背景入手，说明虚拟现实/增强现实的基本特征与组成框架；其次总结梳理全球与我国的发展态势，包括政策举措、专利布局以及虚拟现实/增强现实所涉及的建模、绘制、交互、显示等核心技术；最后展望了舒适呈现、自然交互、智能界面、智能化三维建模、5G 与人工智能等创新发展，为新一代信息技术的发展和相关专业领域的创新提供了可借鉴的理论与实践参考依据。

本书可供关注虚拟现实/增强现实技术的高校师生、科研人员、相关产业的从业人员参考，同时对相关领域的专家学者、工程科技管理人才也有较高的参考价值。

**图书在版编目（CIP）数据**

中国电子信息工程科技发展研究. 虚拟现实和增强现实专题/中国信息与电子工程科技发展战略研究中心编著. —北京：科学出版社，2020.6
ISBN 978-7-03-065101-3

Ⅰ. ①中… Ⅱ. ①中… Ⅲ. ①电子信息-信息工程-科技发展-研究-中国②虚拟现实-科技发展-研究-中国 Ⅳ. ①G203②TP391.98

中国版本图书馆 CIP 数据核字（2020）第 080491 号

责任编辑：赵艳春 / 责任校对：王萌萌
责任印制：吴兆东 / 封面设计：迷底书装

科 学 出 版 社 出版
北京东黄城根北街 16 号
邮政编码：100717
http://www.sciencep.com
**北京虎彩文化传播有限公司** 印刷
科学出版社发行 各地新华书店经销

*

2020 年 6 月第 一 版 开本：890×1240 1/32
2020 年 6 月第一次印刷 印张：2 3/8
字数：66 000

**定价：99.00 元**
（如有印装质量问题，我社负责调换）

# 《中国电子信息工程科技发展研究》指导组

组长：

陈左宁　卢锡城

成员：

李天初　段宝岩　赵沁平　柴天佑

陈　杰　陈志杰　丁文华　费爱国

姜会林　刘泽金　谭久彬　吴曼青

余少华　张广军

# 国家高端智库

中国信息与电子工程科技发展战略研究中心
CHINA ELECTRONICS AND INFORMATION STRATEGIES

## 中国信息与电子工程科技
## 发展战略研究中心简介

中国工程院是中国工程科学技术界的最高荣誉性、咨询性学术机构，是首批国家高端智库试点建设单位，致力于研究国家经济社会发展和工程科技发展中的重大战略问题，建设在工程科技领域对国家战略决策具有重要影响力的科技智库。当今世界，以数字化、网络化、智能化为特征的信息化浪潮方兴未艾，信息技术日新月异，全面融入社会生产生活，深刻改变着全球经济格局、政治格局、安全格局，信息与电子工程科技已成为全球创新最活跃、应用最广泛、辐射带动作用最大的科技领域之一。为做好电子信息领域工程科技类发展战略研究工作，创新体制机制，整合优势资源，中国工程院、中央网信办、工业和信息化部、中国电子科技集团加强合作，于 2015 年 11月联合成立了中国信息与电子工程科技发展战略研究中心。

中国信息与电子工程科技发展战略研究中心秉持高层次、开放式、前瞻性的发展导向，围绕电子信息工程科技发展中的全局性、综合性、战略性重要热点课题开展理论研究、应用研究与政策咨询工作，充分发挥中国工程院院士、国家部委、企事业单位和大学院所中各层面专家学者的智力优势，努力在信息与电子工程科技领域建设一流的战略思想库，为国家有关决策提供科学、前瞻和及时的建议。

# 《中国电子信息工程科技发展研究》
# 编写说明

当今世界，以数字化、网络化、智能化为特征的信息化浪潮方兴未艾，信息技术日新月异，全面融入社会生产生活，深刻改变着全球经济格局、政治格局、安全格局。电子信息工程科技作为全球创新最活跃、应用最广泛、辐射带动作用最大的科技领域之一，不仅是全球技术创新的竞争高地，也是世界各主要国家推动经济发展、谋求国家竞争优势的重要战略方向。电子信息工程科技是典型的"使能技术"，几乎是所有其他领域技术发展的重要支撑，电子信息工程科技与生物技术、新能源技术、新材料技术等交叉融合，有望引发新一轮科技革命和产业变革，给人类社会发展带来新的机遇。电子信息又是典型的"工程科技"，作为最直接、最现实的工具之一，直接将科学发现、技术创新与产业发展紧密结合，极大地加速了科学技术发展的进程，成为改变世界的重要力量。电子信息工程科技也是新中国成立 70 年来特别是改革开放 40 年来，中国经济社会快速发展的重要驱动力。在可预见的未来，电子信息工程科技的进步和创新仍将是推动人类社会发展的最重要的引擎之一。

中国工程院是国家工程科技界最高荣誉性、咨询性学术机构，把握世界科技发展大势，围绕事关科技创新发展的全局和长远问题，为国家决策提供科学、前瞻和及时的建议。履行好国家高端智库职能，是中国工程院的一项重要任务。为此，中国工程院信息与电子工程学部在陈左宁副院长、卢锡城主任和学部常委会的指导下，第一阶段(2015年年底至2018年6月)由邬江兴、吴曼青两位院士负责，第二阶段(2018年9月至今)由余少华、陆军两位院士负责，组织学部院士，动员各方面专家300余人，参与《中国电子信息工程科技发展研究》综合篇和专题篇(以下简称"蓝皮书")编撰工作。编撰"蓝皮书"的宗旨是：分析研究电子信息领域年度科技发展情况，综合阐述国内外年度电子信息领域重要突破及标志性成果，为我国科技人员准确把握电子信息领域发展趋势提供参考，为我国制定电子信息科技发展战略提供支撑。

"蓝皮书"编撰的指导原则有以下几条：

**(1) 写好年度增量。** 电子信息工程科技涉及范围宽、发展速度快，综合篇立足"写好年度增量"，即写好新进展、新特点、新趋势。

**(2) 精选热点亮点。** 我国科技发展水平正处于"跟跑""并跑""领跑"的三"跑"并存阶段。专题篇力求反映我国该领域发展特点，不片面求全，把关注重点放在发展中的"热点"和"亮点"。

**(3) 综合专题结合。** 该项工作分"综合"和"专题"两部分。综合部分较宏观地讨论电子信息科技领域全球发展态势、我国发展现状和未来展望；专题部分对13个子领域中热点亮点方向进行具体叙述。

```
┌─────────────────────────────────────────────────┐
│                    应用系统                        │
│            8.水声      13.计算机应用                 │
└─────────────────────────────────────────────────┘

┌──────────────┐  ┌──────────────────┐  ┌──────────────┐
│   获取感知     │  │    计算与控制      │  │   网络与安全   │
│              │  │                  │  │              │
│   3.感知      │  │    10.控制        │  │  6. 网络与通信 │
│   5.电磁空间   │  │    11.认知        │  │  7. 网络安全   │
│              │  │ 12.计算机系统与软件 │  │              │
└──────────────┘  └──────────────────┘  └──────────────┘

┌─────────────────────────────────────────────────┐
│                    共性基础                        │
│ 1.微电子光电子 2.光学工程 4.测试计量与仪器 9.电磁场与电磁环境效应 │
└─────────────────────────────────────────────────┘
```

子领域归类图

5 大类和 13 个子领域如上图所示。13 个子领域的颗粒度不尽相同，但各子领域的技术点相关性强，也能较好地与学部专业分组对应。

编撰"蓝皮书"仍在尝试阶段，难免存在一些疏漏，敬请批评指正。

中国信息与电子工程科技发展战略研究中心

# 前　言

经过半个多世纪的发展，虚拟现实/增强现实技术取得了长足进步，在各领域的渗透不断深化，行业应用活跃，市场需求旺盛，相关产业发展的战略窗口期已经形成。我国对于虚拟现实/增强现实对社会升级、经济发展的推动作用有着十分清楚的认识，习近平总书记在致 2018 世界 VR 产业大会的贺信中指出，当前，新一轮科技革命和产业变革正在蓬勃发展，虚拟现实技术逐步走向成熟，拓展了人类感知能力，改变了产品形态和服务模式。为此，虚拟现实/增强现实技术及应用国家工程实验室、北京市混合现实与新型显示工程技术研究中心对虚拟现实/增强现实的发展情况进行了调研，在广泛搜集和详细分析国内外文献资料的基础上，撰写了《虚拟现实和增强现实专题》，旨在全方位呈现虚拟现实/增强现实的技术发展现状、重点行业的应用成效、未来创新发展方向等社会各界关注的重点问题，希望为政、产、学、研、用等各参与主体提供参考，促进我国各级政府、科研院校、相关企业积极参与虚拟现实/增强现实的技术研发和实际应用，共同推进相关产业的快速健康发展。

本书分为五章。第 1 章介绍了虚拟现实/增强现实技术的提出背景，明确虚拟现实/增强现实是什么和有哪些特征。第 2 章和第 3 章分别介绍了国外和国内关于虚拟现实/

增强现实的政策部署、专利布局、关键技术、应用模式等方面的现状。第 4 章对虚拟现实/增强现实的未来创新发展趋势进行了讨论，为今后大规模的行业应用和大众应用探索道路。第 5 章对未来进行了展望。

　　本书的撰写得到了国内外众多企业和专家学者的大力支持。相关企业结合自身发展情况给予了大量素材支持，各位专家更是积极配合提供相关技术的最新研究成果和未来趋势展望。目前，虚拟现实/增强现实技术仍处于日新月异的飞速发展阶段，今后我们将根据其最新进展及业界的反馈意见，适时修订和发布新版研究成果。

# 目　　录

# 第1章 绪 论

## 1.1 虚拟现实/增强现实技术的提出背景

虚拟现实(Virtual Reality，VR)技术是一种创建和体验虚拟世界的计算机应用技术。作为一项潜在的颠覆性技术，虚拟现实为人类认知世界、改造世界提供了一种易于使用、易于感知的全新方式和手段。虚拟现实带来了显示方式的进步和交互体验的提升，通过与互联网、物联网以及人工智能等新兴信息技术的结合，虚拟现实还可以打破时空局限，拓展人们的能力，改变人们的生产与生活方式。经过半个多世纪的发展，虚拟现实技术在各领域的渗透不断深化，行业应用活跃，市场需求旺盛，虚拟现实产业发展的战略窗口期已经形成。

1965 年，美国科学家 Ivan Sutherland 提出了"终极显示(The Ultimate Display)"的概念，并在 1968 年研发成功了被普遍认为是头戴式显示设备(Head-Mounted Display, HMD)雏形的"达摩克利斯之剑(The Sword of Damocles)"系统[1]。1989 年，美国 VPL Research 公司的奠基人 Jaron Lanier 正式提出"Virtual Reality"一词，他将虚拟现实描述为一种逼真地模拟人在自然环境中的视觉、听觉、运动等行为的人机界面技术[2]，之后经过学术界和工业界的共同努力，虚拟现实技术得到了迅猛发展。2014 年，脸书斥资 20 亿美元收购虚拟现实初创公司 Oculus，随后谷歌、索尼、三星、微软、华为等著名信息技术公司纷纷入局，虚拟现实技术生态快速发展，虚拟现实技术开始真正进入消费级市场。

增强现实(Augmented Reality，AR)是在虚拟现实技术基础上发展起来的。增强现实综合了光电成像、人机交互、新型显示、电子信息、模式识别、图像处理等多门学科的最新成果，是一种用计算机产生的附加信息对真实世界进行增强和扩张的技术。1992 年，美国波音公司的 Caudell 和 Mizell 提出了"Augmented Reality"的概念[3]。2012 年，谷歌发布谷歌眼镜(Google Glass)，2015 年，微软推出 HoloLens，均成为信息领域影响深远的产品。近年来，随着 iOS、Android 等智能移动终端平台的相继推出、移动互联网技术的成熟与发展以及 4G/5G 网络的大范围推广应用，曾经局限于实验室的增强现实技术开始逐步走进大众视野，一大批以虚实融合、自然交互、情景感知为特征的增强现实应用不断涌现。

## 1.2　虚拟现实/增强现实技术的概念

### 1.2.1　虚拟现实技术

如赵沁平院士所论述的：虚拟现实是以计算机技术为核心，结合相关科学技术，生成与一定范围真实环境在视觉、听觉、触觉等方面高度近似的数字化环境，用户借助必要的装备与数字化环境中的对象进行交互，相互影响，可获得亲临真实环境的感受和体验[4]。

如图 1.1 所示，虚拟现实的基本特征被描述为"沉浸-交互-构想"。虚拟现实的第一个特征是"沉浸"，又称临场感、存在感，强调虚拟环境的逼真性，即用户在计算机所创建的三维虚拟环境中处于一种全身心投入的状态。第二个特征是"交互"，虚拟现实的交互特性主要指用户对虚拟环境内物体的可操作性和从环境得到反馈的自然性，即用户与虚拟环境之间的和谐互动。第三个特征是"构想"，虚拟现实使人从被动转为主动接受事物，人们通过感性和理性认识从定性和定量两者集成的环境中积极探索信息，深化概念，进而产生认知的新思想和新观念。

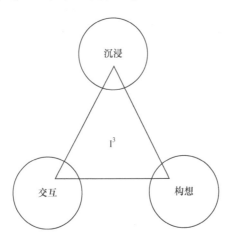

图 1.1 虚拟现实的基本特征

虚拟现实利用视、听、触等技术手段将用户带入到虚拟的、由计算机打造的信息空间，虚拟现实技术的出现彻底打破了空间对人类的束缚，以虚拟现实技术为基础的高沉浸、高真实感、社会化虚拟网络平台将会在不远的未来进一步丰富我们的生产和生活方式。

### 1.2.2 增强现实技术

增强现实和虚拟现实的联系非常紧密，故本书中有时用虚拟现实作为两者的统称。增强现实技术不仅继承了虚拟现实技术的特点，同时又具有"虚实结合"的特性，图1.2 是加拿大多伦多大学 Milgram 教授等提出的从真实场景到虚拟场景连续变化的分类概念，清晰地表示了增强现实和虚拟现实间的关系。虚拟现实试图将使用者带入到由计算机构建的虚拟世界，而增强现实将计算机带入到用户的真实世界中，通过视、听、触等虚拟信息增强用户对现实世界的感知，在虚拟世界与物理世界之间构架起了一座桥梁，从而实现了从"人适应机器"到"以人为本"的转变，有望彻底改变人们的工作和生活方式。

图 1.2 从真实场景到虚拟场景连续变化的分类概念

## 1.3 系 统 组 成

虚拟现实/增强现实系统主要由建模子系统、绘制子系统、交互子系统和显示子系统组成。图 1.3 示出了虚拟现实/增强现实系统的基本架构。

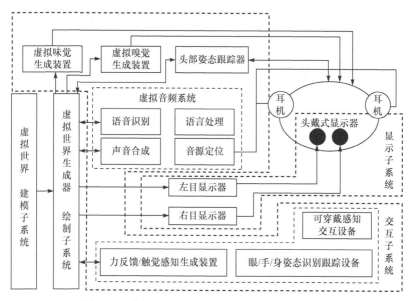

图 1.3　虚拟现实/增强现实系统的基本架构

**建模子系统**所构建的三维数字内容是虚拟现实/增强现实系统的基本构成要素。创建三维内容的核心是三维几何建模，即构建真实世界或虚拟世界的三维数字化几何表达。三维建模是计算机图形学的重要基本问题。

**绘制子系统**借助计算机生成逼真的视觉世界，使用户可以对虚拟世界进行交互式体验。基于三维图形学的绘制方法的绘制质量和场景复杂性受硬件的限制，推动了硬件和算法的发展；基于图像的绘制方法可以在便携式平台进行实时绘制，是近年来实现虚拟现实绘制的一种新趋势。

**交互子系统**为虚拟现实/增强现实系统提供了自然的人机界面。键盘、鼠标、手柄等传统的人机交互方式不够自然，采用语音、手势等新型交互方式可以极大地提升虚拟现实/增强现实系统的沉浸感。随着新兴计算设备的涌现，人机交互成为制约信息技术普及和发展的瓶颈问题，如何实现以人为中心的智能交互、提高用户利用信息资源的生产力是信息技术面临的重要问题。

　　**显示子系统**的性能直接影响用户对虚拟环境的感受。人类获取外界信息的 80%来自视觉，虚拟现实/增强现实显示设备可为用户提供随时随地的视觉信息输入，已成为虚拟现实/增强现实的核心硬件载体。目前虚拟现实/增强现实显示系统的发展方向是大视场角、高分辨率、轻小无扰以及真实感化等。

# 第2章 全球发展态势

## 2.1 全球主要国家的政策举措

近年来，随着虚拟现实影响力的逐步扩大，人们对虚拟现实的关注度不断提高，世界主要国家和地区均已将发展虚拟现实提升到战略高度，美国、欧盟、日本、韩国等发达国家和国际组织采取政策倾斜、资金补助等方式大力支持产业发展。众多国际知名的信息技术企业积极布局，加快发展虚拟现实/增强现实技术和产业。

**美国政府一直非常重视虚拟现实技术的研发与应用，美国国家科学基金会、国防部、国家航空航天局、交通部等均部署了系列虚拟现实研发计划。** 美国国防部(DOD)于2017年资助研发了用于未来战争的BEMR Lab混合现实系统[5]。美国航空航天局(NASA)于2017年10月资助了"基于混合现实、增强现实、虚拟现实的空间中操作、培训、工程设计/分析、人类健康"项目[6]。美国交通运输部(DOT)在2017年9月宣布资助"利用增强现实进行公路建设"项目的研究工作[7]。美国卫生与公共服务部(HHS)、应急管理办公室、国家卫生防疫计划部(HPP)在2016年9月宣布拟开展虚拟现实培训和检疫服务研究工作[8]，为相关人员提供培训，以应对另一次埃博拉病毒或其他高致病性疾病的爆发。

　　**欧盟各国均把发展虚拟现实技术纳入国家战略并在虚拟现实领域积极布局。**2014 年 1 月，欧盟"地平线 2020"项目在英国正式启动，在信息与通信技术领域列出的 37 个项目中有 4 个直接涉及虚拟现实技术，其中一个名为"和平游戏"的虚拟现实项目集合了来自学术界、军界、政界和工业界等的 14 家合作伙伴[9]，旨在用来训练欧盟冲突预防和建设和平小组的参与者。2017 年英国政府相继发布《工业发展战略绿皮书》和《英国数字战略》，从国家角度支持人工智能、虚拟现实等新兴技术的发展。

　　**为推动虚拟现实和增强现实产业健康发展，韩国政府把虚拟现实/增强现实技术作为重要领域进行扶植。**2017 年 2 月 10 日，韩国虚拟现实/增强现实复合中心(KoVAC)正式揭牌成立[10]。韩国未来创造科学部官员表示，到 2020 年该研发中心将力争吸引 50 余家虚拟现实/增强现实相关企业入驻，政府将提供各种帮助，让 KoVAC 发展成为韩国增强现实、虚拟现实相关企业和人才进军全球的前哨基地。

　　综上所述，不难看出在全球范围内，各国政府对虚拟现实技术发展投入了巨大的人力物力财力。同时，企业是推动虚拟现实技术应用和产业化的重要力量。很多重量级的企业都进入了虚拟现实产业市场并展开了激烈的竞争。

## 2.2　全球专利布局

　　在国际上推动技术发展、控制技术制高点、掌握技术话语权的主要手段是知识产权战略，尤其是专利布局。在产业和市场萌芽期，技术领先国家往往就已经进行了前瞻性布局,设置了技术壁垒。文献[11]分析了从 1999 年到 2018 年之间全球涉及虚拟现实的专利情况。从时间轴上看,支撑虚拟现实的专利在 2010 年和 2011 年左右进入快速发展期,年申请量增长迅速,相关专利涉及硬件技术、渲染技术、交互技术以及智能化技术。专利的申请量在 2016 年达到顶峰,也和市场上技术上对于虚拟现实产业关注度的发展比较吻合,2016 年后专利数量回落,这也和市场进入理性,产品及应用更加务实的发展趋势相符。

**我国在国际专利布局方面数量储备逐渐具备优势,专利申请的质量和发达国家的差距随着技术研发的深入在不断缩小**。国际专利布局申请数量排名前五位的国家/地区分别为美国、中国、日本、韩国和欧盟。我国专利总量、有效专利以及审中专利约占全球总量的 25.3%、29.0% 和 46.3%。在年度申请量方面,我国 2014 年申请专利数量超过美国,跃居世界第一。但是在专利质量方面,高质量专利(专利强度在 70 以上)的申请占比为 3.8%,远小于美国的 25.0%。从全球虚拟现实重点企业专利地域分布来看,微软、谷歌、索尼、三星、高通、英特尔、诺基亚等跨国公司的专利布局更加全球化,在进入海外市场前未雨绸缪,积极申请专利。我国的华为、联想、阿里巴巴以及歌尔等龙头企业近些年在虚拟现实领域投入巨大资金开展研发,逐步加强了其在海外的虚拟现实专利储备,在专利数量质量方面也都有所提高。从发明人方面来看,北京航空航天大学和北京理工大学都是具有全球竞争力的研发团队,表明我国高校的基础研发实力雄厚。

## 2.3　国外发展态势

### 2.3.1　建模

**三维建模是虚拟现实技术推广和普及的重要因素，目前也是行业应用发展的重要瓶颈。** 人工三维建模往往基于商业建模软件(如 3DS Max、Maya、ZBrush、Blender 等)，其操作十分困难、烦琐，严重依赖于专业人员的技能和经验，未经训练的普通用户一般难以掌握。如何让普通大众方便快捷地创作和编辑三维内容，实现"大众建模"，突破"三维内容生成瓶颈"，推动三维几何数据的规模化增长，一直是图形学和虚拟现实的核心、关键挑战之一。2016 年曾被人们称为"虚拟现实元年"，在虚拟现实大规模商业化落地的愿景下，众多商业巨头纷纷斥巨资投入，急于抢占风口的初创公司更是多如牛毛。然而令人遗憾的是，虚拟现实在短暂"虚火"之后很快遇冷。究其原因，除了显示硬件尚未达到足够的成熟度以外，高质量三维内容匮乏、内容生态系统薄弱是阻碍虚拟现实落地和拓展的最主要因素。

**数据驱动方法成为三维几何建模的新兴和重要的发展方向。** 近年来，随着三维数字化技术和建模技术的突飞猛进以及移动互联网、WebGL、云计算和大数据等的巨大推动，互联网上出现了海量的三维模型，如何快速有效地处理海量三维数据正成为数字几何建模和处理领域的最新热点。当前人工智能技术的迅速发展和计算能力的显著提升使得面向大规模三维数据的分析和理解成为可能，催生了数据时代三维几何建模的新发展[12]。数据驱动方法是数据时代三维几何建模的最重要途径[13]。数据驱动三维建模以现有三维模型数据集为基础，通过建模几何-结构约束支持几何和结构推理以及通过重组模型中的几何部件创建新内容，从而实现三维模型的自动生成。数据驱动三维建模[14-16]通常基于同类样例数据建立参数或者非参数模型，可以用于描述三维模型的几何和结构[17]以及在交互或自动建模中[15]的几何或结构推理[18]，从而实现自动或半自动的三维模型构建。

**深度学习为数据驱动三维建模带来了深刻变革和全新挑战**。深度神经网络可以学习三维数据的几何和拓扑表征，实现更加智能、灵活、通用的三维内容生成。与二维图像天然具有矩阵参数化表示不同，三维曲面是非欧氏的流形表示，并不直接适合于深度学习。在深度三维表征学习方面最直接的做法是基于三维体素表示的三维卷积操作，这方面的典型工作包括普林斯顿大学提出的基于体卷积的深度置信网络[19]等。另一种方法将三维几何体表示为多视点投影的二维图像，从而可以提取二维投影图像的卷积特征，并通过多视点融合实现三维表征学习[20]。在几何处理领域中，曲面网格是最通用的三维几何表示，基于局部或全局网格参数化可以定义三维曲面的卷积操作[21-23]。三维数据获取的最原始形态是点云，直接对三维点云进行卷积操作是一种通用灵活的三维表征学习方式。自从斯坦福大学提出点云深度网络 PointNet[24]以来，国际学术界针对点云深度学习已经取得了大量的研究成果。

**深度表征学习为基于深度学习的三维几何生成奠定了**

**基础**。普林斯顿大学基于体卷积构建深度置信网络提出了深度三维生成模型[19]，可以用于基于单视角深度图像的三维物体补全。之后麻省理工学院提出基于体表示的三维对抗生成网络 3D-GAN[25]，通过对抗训练的方式学习三维形状空间，从而实现了三维模型的随机生成。近年来直接合成三维隐式场的深度网络模型得到了较多关注[26-28]。斯坦福大学提出的三维点云生成模型实现了基于单幅图像的点云重建[29]。

**智能化交互式建模是数据驱动方法未来的主要发展方向**。由于短期内自动建模仍然无法完全取代人工建模，因此为交互式建模提供智能化建模辅助是当前数据驱动深度学习方法的主要发展方向。一种方法基于用户建模的中间结果，通过几何和结构推断实现自动的几何补全或推荐[15,30]；另一种方法基于用户的操作序列推断用户的建模意图，为用户提供智能化操作建议。为了利用数据驱动方法简化用户操作和提升建模质量，近年来出现了基于手绘草图[31-33]和虚拟现实交互输入的数据驱动三维建模方法，在这类应用中深度学习的强大几何-结构推断能力发挥了重要作用。

### 2.3.2　绘制

随着计算机软硬件技术的不断发展，绘制技术在人们的日常生活中起着越来越重要的作用。虚拟现实与增强现实技术的应用大大模糊了虚拟与现实的边界，可以将虚拟的绘制场景无缝地融入真实场景中，离不开实时绘制技术的蓬勃发展。

**实时光线追踪进入消费级市场。** 近年来在绘制领域涌现出大批新技术、新方法，例如英伟达于 2018 年 8 月底发布了新一代 RTX 实时光线跟踪技术[34]，采用了专用处理器 RTCore，通过将光线/场景求交算法固化到硬件中，使得在消费级主机上部分实现实时光线跟踪成为可能。在系统整体设计中，用户既拥有了通过自定义函数进行灵活开发的可能，又简化了光线跟踪算法设计的整体复杂性。此外，可变速率着色(VRS)、纹理空间着色(TSS)等为虚拟现实应用场景量身打造的新技术能够大幅优化虚拟现实绘制性能，同时提供更高的绘制质量。

**优化绘制速度、提升交互性能与品质一直是学术界与工业界不断追求的目标。** Koskela 等提出了一种新的降噪算法[35]，通过参考无偏的反射率(Albedo)和法向(Normal)等信息，能够在每个像素只采样一个点的情况下得到几乎无噪的实时绘制结果。与时空方差引导滤波器(SVGF)[36]等传统降噪算法相比具有更好的效果和性能，因此使用少量的光线绘制出高品质的全局光照效果成为可能。然而该方法虽然速度有所提高，但计算开销较大。为了优化绘制速度，Lee 等提出了一种通过当前帧深度缓存与运动矢量来估计下一帧深度缓存的方法[37]，用紧密包围盒[38]提高了绘制效率，用该方法生成的下一帧深度缓存具有较好的准确度，可以用来对绘制场景进行遮挡剔除，达到加速绘制的目的。

**虚拟现实应用的特殊要求使得绘制技术受到了额外的关注。** 虚拟现实高沉浸感所要求的高刷新率与高分辨率给绘制带来了巨大的压力。为了缓解这一问题，Tursun 等提出了一种通过综合评估用户当前注视位置与待绘制图像的局部亮度对比度，在不影响用户体验的情况下为图像各个区域合理分配运算能力的技术[39]。这一技术能够为场景绘制带来较大的加速比。

### 2.3.3　交互

虚拟现实和增强现实技术的出现改变了信息呈现给用户以及用户输入指令的方式，为传统的人机交互范式带来了全新的变革，也在力触觉反馈、场景导航、残障应用等方面提出了新的挑战。

**输入技术是影响用户虚拟现实和增强现实交互体验的重要因素**。虚拟现实环境会受到三维空间中物体相互遮挡、用户输入无物理支撑等因素影响，输入效率较低。为了提高输入的精准度，研究者们从理论层面尝试建立用户模型纠正偏差[40]，采用逐步细化[41]、启发式[42]等方式辅助用户选择目标。传统使用虚拟现实手柄(如 HTC Vive)的文字输入方法在触感、精准度和疲劳度上存在不足，因此研究者们提出了使用物理键盘[43]、面部触摸输入[44]以及语音输入[45]等不需要控制器的文本输入技术。为了降低用户输入时的疲劳感，也有研究者通过调节虚拟手与真实手的映射关系减轻过高抬手的压迫[46]。

**力触觉反馈设备的研究继续维持高热度**。力触觉反馈被认为是多通道交互在虚拟现实/增强现实系统里的重要体现。目前主流虚拟现实设备 Oculus Rift 和 HTC Vive 等通过手持式控制器提供震动触觉反馈，但并不能模拟用户与虚拟物体交互时的力触觉。微软研究院通过设计手持式控制器的机电结构为用户提供碰触、抓取虚拟物体时所感受到的物体的形状[47]、材质[48]和刚性[49]等力触觉反馈。目前市场上的可穿戴式力触觉反馈装置以数据手套为主，包括 HaptX[50]、ManusVR[51]和 DextaRobotics[52]等，可以提供指尖震动反馈和抓取物体时的指关节制动机制。目前的热点研究领域除了关注外骨骼结构的设计[53]外，更多地关注轻便且直接作用于指尖触感的可穿戴触觉设备的研发，以提供压力和摩擦力等触觉反馈[54]。近年来伪触觉的研究成为一个新兴的热点，伪触觉有效地利用了人们的感官受视觉主导的特性，在视觉线索的牵引下，拓展设备的触觉渲染能力，可以渲染物体的大小[55]、形状[56]和位置[57]等。

**虚拟现实中的导航设计是一个具有挑战性的任务**。用户往往无法掌握虚拟空间的整体拓扑结构，容易在复杂的虚拟现实环境中迷路或者找不到目标位置。目前的研究热点一是在虚拟环境中训练用户的空间记忆与寻路能力，例如允许用户放置视觉标记，显示用户所在位置的视觉轨迹，或者固定标记提供北向指示[58,59]；二是在交互方式的设计上，相比于用操纵杆和键盘控制用户移动，自然行走能够增加用户的参与感，减少感官冲突导致的眩晕。为了解决真实环境活动空间的限制，重定向方法[60,61]通过潜移默化地旋转虚拟环境使用户不知不觉改变行走方向；动态调节方法[61]通过控制用户在虚拟环境中的移动速度加速到达目标位置。通过调整用户移动过程中高度、速度和方向的变化，还能够为用户提供在不平坦地形上行走的感觉[62]。良好的导航技术设计有助于在未来复杂的虚拟现实场景下给用户带来更好的交互体验。

　　**使用虚拟现实/增强现实技术可以进一步推动面向残障人士的无障碍应用的发展**。针对视障用户如何使用虚拟现实和增强现实技术这一难题[63]，微软研究院和康奈尔大学合作设计了触觉听觉辅助装备，帮助视障用户在虚拟现实场景中进行导航[64]。卡内基·梅隆大学通过计算机视觉算法和在线虚拟现实社区平台帮助盲人用户使用家电产品[65,66]。

　　**虚拟现实新型用户界面的蓬勃发展为情感计算和交互提供了有效的支撑平台**。虚拟现实的高度真实感和安全性使其在情感能力针对性训练、自然情感诱发范式以及用户情感深度养成等方面蕴含着巨大的应用潜力，已有的相关研究工作包括虚拟现实协作游戏中生理信号检测和反馈带来的用户情感体验[67]、利用虚拟现实训练特殊用户对害怕情绪的克服能力[68]、虚拟现实对某些特定情感的诱发潜力和优势[69]、虚拟现实游戏诱发自然情感范式[70]以及虚拟现实诱发的情感体验与沉浸感、临场感之间的相互关系等[71]。

### 2.3.4　显示

　　**显示技术推动虚拟现实技术发展和普及，行业巨头推出的显示产品处于百家争鸣阶段**。一直以来，虚拟现实和增强现实处于实验室研究以及特定行业工业领域应用阶段。以 2012 年谷歌推出 Google Glass、2014 年脸书收购 Oculus、2015 年微软推出 HoloLens 这三个代表性事件为标志，虚拟现实和增强现实技术再一次得到民众以及商业的普遍关注。随后全球掀起了虚拟现实/增强现实技术的研究热潮，渲染、建模以及交互技术也依托于显示产品的推陈出新而革新换代。微软推出的 HoloLens 1 和 Hololens 2、HTC 推出的 HTC Vive 以及 Magic Leap 推出的 Magic Leap One 等虚拟现实/增强现实头戴显示设备和概念产品引起了行业内广泛的关注。类似于移动终端布局市场的初期出现了平板、全键盘、翻盖以及滑屏等纷繁复杂的呈现方式，各个行业巨头都在通过自己的方式理解未来虚拟现实显示产品，希望成为新一代显示终端的行业标准定义者。

**显示元件的研究和产业化成为国际研究热点。** 虚拟现实和增强现实显示装置对显示元件的亮度、分辨率和刷新率等要求很高，微显示单元目前主要使用 LCoS、DLP、OLED、micro-LED 等元件。LCoS/DLP 为反射式微显示器件，具有亮度和分辨率高的优势，但其固有的反射式照明结构导致光路系统尺寸较大。OLED 和 micro-LED 为自发光元件，能够实现更加紧凑的显示，同时具有较为成熟的半导体工艺，成本较低，是产业界目前努力推进的技术，但是 OLED 仍需要在亮度性能和散热等问题上进行改进优化。显示元件生产商三星、索尼、夏普等均投入人力物力对虚拟现实显示元件进行研究。目前增强现实产品多用 LCoS、OLED 屏，单眼分辨率从 1.5K 向 2.5K 过渡；虚拟现实产品多用 OLED 屏，单眼分辨率从 2K 向 4K 过渡，屏幕刷新率从 90Hz 向 120Hz 发展。近年来关于超高亮度 micro-LED 的研究屡获佳绩[72]，但还存在像素亮度不均、成本高等问题。如果这些技术难题能被克服，micro-LED 有望成为虚拟现实/增强现实显示的一项颠覆性技术。柔性显示屏的研究和量产也让虚拟现实显示产品看到了新的可能，目前柔性显示屏已经在手机移动终端开始大规模商业化应用，但其在虚拟现实/增强现实显示终端的应用需要进一步的开发和规范。

**显示产品的硬件处理平台高性能化获得广泛关注。** 高通、英伟达和三星等跨国公司在其各自领域推出或将要推出重量级虚拟现实解决方案，虚拟现实硬件产品不断推陈出新，消费者体验大大提升。在芯片解决方案方面，高通发布骁龙 845 平台，助推虚拟现实硬件性能大幅提升。高通同时还推出了"XR"概念，其含义就是虚拟现实的集合和延伸。在对"XR"场景的支持方面，骁龙 845 使得室内空间定位、六自由度和即时定位与地图构建等性能优化体验技术更好地集成在虚拟现实显示产品上，从而可以呈现良好的视觉交互体验。

**光学解决方案向大视场、轻小化、适人性和真三维方向发展。** 20 世纪 60 年代，Sutherland 发明了基于虚像放大光学原理的虚拟现实显示设备，该原理普遍应用于商用的近眼显示产品中。美军第三代近眼显示设备具有较大的视场角，能够在护目镜上显示数据信息[73]。谷歌、索尼、三星、爱普生等公司在大视场、高分辨率和超轻薄等光学实现方法上已有大量的专利布局，具体包括同轴目镜式结构[74]、离轴目镜式结构[75]、基于回反射屏的投影结构[76]、自由曲面棱镜结构[77]、折衍混合结构[78]以及光波导结构[79]等。目前商用的头戴显示器通过双目视差立体显示的原理给用户提供深度信息，而这种显示原理存在固有的人眼辐辏与聚焦失配问题，不符合人眼平时的观察习惯，长期佩戴近眼显示系统会诱发人眼视疲劳，导致头晕、头痛等各种不适，因此成为虚拟现实/增强现实技术应用的制约瓶颈。为了解决这一问题，英伟达公司[80]、韩国首尔大学[81]和 QD 激光公司[82]等相继提出光场显示、全息成像以及视网膜投影等解决方案，实现真实感近眼呈现已成为学界和商界关注热点，势必成为虚拟现实显示产品的发展趋势。

### 2.3.5　应用

目前主要发达国家都将虚拟现实与增强现实列入国家科技发展规划中，虚拟现实/增强现实已经成为世界各国抢占信息技术制高点的突破口。

**美国已经进行了长期的全产业链布局，并实现了典型应用。**美国的微软、谷歌、苹果、脸书、IBM、英特尔等跨国公司都宣布了其虚拟现实/增强现实的相关计划。其中微软、谷歌、脸书、英特尔等在虚拟现实/增强现实领域进行了全面布局，覆盖了硬件、软件、内容和衍生品及平台。尽管目前苹果公司尚未发布虚拟现实/增强现实产品，但已收购了多家虚拟现实/增强现实硬件和软件公司作为其技术储备。IBM 公司推出了能够让用户建立虚拟会议室的虚拟现实应用程序 Bluegrass，并启动了将虚拟世界集成到社交软件中的 Sametime 3D 项目。美国国防部已将虚拟现实/增强现实用于单兵作战系统、军事级战术演练等领域，涵盖了作战系统级应用、装备保障级应用以及仿真模拟训练应用等诸多方面。2018 年，美国陆军宣布将批量购买增强现实头戴显示设备用于指挥官的快速信息指令下达，从而提高作战效率。美国波音公司已将增强现实技术应用于飞机制造上电力线缆的连接和接线器的装配中。美国国防合约商雷神公司与软件创业团队 Daqri 合作将虚拟现实/增强现实技术应用于下一代干扰机的制作和培训，利用虚拟现实/增强现实技术展示其设计飞机的 3D 外观、内部结构、舱门的位置和打开方式，以及飞机内部的控制。

**韩国企业在设备、平台以及内容方面的竞争力不断提升。**随着硬件升级、第五代移动通信技术(5G)商用化以及基础平台建设，韩国国内的虚拟现实/增强现实生态不断扩大，韩国大型通信企业 KT 发布了包括虚拟现实/增强现实在内的 5G 新服务，其研发的"5G 公交车"通过车载 5G 移动台(MHS)与邻近巴士站实现信息通信并通过 GiGA Live TV 平台呈现，使乘客可以感受到虚拟现实/增强现实服务带来的便利。KT 还公开了运用飞机和移动通信中心、遥控无人机和机器人的 SKYSHIP 平台，可用于辅助灾害时生存者的搜索和救助活动。韩国三大运营商专门针对增强现实和虚拟现实推出了基于 5G 的内容和平台活动，例如 KT 为早期 5G 用户提供了免费的虚拟现实、4K 视频及手游。韩国食品药品安全部为使用虚拟现实/增强现实技术的医疗设备制定了官方批准指南，适用于将 CT 和 MRI 图像传输到支持增强现实的计算机，以用于外科手术的软件以及使用医学图像制定手术计划或进行手术模拟的机器等。2018 年，韩国平昌冬奥会推出了基于虚拟现实/增强现实的体验场景，使体育和游戏得到了有效的融合，观众可以用 360 度视角观看滑雪项目，也可以体验选手在参赛过程中的感受。

### 2.3.6 标准

标准是引导行业健康发展以及决定行业主导的核心

力量，对于新兴产业的架构设计和发展起到决定性的作用。

**标准问题已经引起了众多国际组织的广泛关注。**2016年 4 月，3GPP 中编解码器和媒体工作组(SA4)开始着手 VR/AR 相关标准化工作，主要研究集中在语音、音视频和多媒体编码、基于移动/固定网络的端到端实现、质量评估和交互性方面；2016 年 12 月，IEEE 标准协会正式批准成立 IEEE 虚拟现实与增强现实标准工作组；2017 年年初，Khronos 开源组织在 2017 游戏开发者大会(2017 Game Developers Conference, 2017 GDC)上公布了一个面向 VR 和 AR 的开放标准工作组——Open XR，并成立 Open XR 委员会，Oculus、HTC、微软、Unity、Epic、三星、谷歌等行业公司都加入其中；2018 年 7 月，由英伟达、Oculus、HTC、AMD 和微软牵头的行业联盟宣布了一种开放式虚拟现实行业标准——VirtualLink 规范。

# 第 3 章　我国发展现状

## 3.1　政策部署

**我国的虚拟现实政策体系逐步形成**。国家对于新一代虚拟现实对经济社会发展的推动作用有着十分清楚的认识，习近平总书记在致 2018 世界 VR 产业大会的贺信中指出，当前，新一轮科技革命和产业变革正在蓬勃发展，虚拟现实技术逐步走向成熟，拓展了人类感知能力。在 2016 年杭州 G20 峰会上的主旨演讲中，习近平总书记强调，以互联网为核心的新一轮科技和产业革命蓄势待发，人工智能、虚拟现实等新技术日新月异，虚拟经济与实体经济的结合，将给人们的生产方式和生活方式带来革命性变化。我国 2006 年颁布的《中长期科技发展规划纲要》将虚拟现实列为信息领域优先发展的前沿技术之一，并于 2007 年批准在北京航空航天大学建立了虚拟现实技术与系统国家重点实验室。国务院在《"十三五"国家科技创新规划》中强调了形成虚拟现实领域具有自主知识产权的核心设备。工业和信息化部出台了《关于加快发展虚拟现实产业的指导意见》，从核心技术、产品供给、行业应用、平台建设、标准构建和安全保障等方面提出了发展虚拟现实产业的重点任务，推进虚拟现实技术产品在制造、教育、文化、健康、商贸等重点行业领域的应用，建设共性技术创新、创新创业孵化、行业交流对接等公共服务平台，加快推进标准规范体系建设、重点标准研制、检测认证等工作，加强虚拟现实系统平台安全防护以及重要数据和个人信息保护。另外，虚拟现实技术多年以来一直获得国家高技术研究发展计划(863计划)、国家重点研发计划专项以及国家自然科学基金等科研计划的支持。可以预见，国家层面的顶层规划会为虚拟现实技术创新和产业发展保驾护航。

**各地虚拟现实相关保障机制正在逐步建立健全。**各地积极落实党中央和国务院决策部署，结合自身实际出台了本地虚拟现实产业发展政策，推进虚拟现实产业规范有序发展。目前，我国已有江西、广东、北京、上海、浙江、河南、河北、四川、青岛等多个省市相继发布针对虚拟现实领域的专项政策、实施方案或行动计划，出台促进虚拟现实产业发展的配套措施，汇聚各方力量，加速产业生态的形成。2019年10月，工业和信息化部在2019世界VR产业大会上表示将重点支持虚拟现实关键共性技术的研发和产业化，江西等地也在计划升级版政策，加快虚拟现实产业布局。我国各级政府通过政策引导加强针对技术创新、商业模式创新和服务创新的基础研究成果的支持，不断优化产业发展环境，在促进产业发展方面发挥了重要的引领作用。

## 3.2 我国的热点亮点

### 3.2.1 建模

在数据驱动三维建模领域，国内的发展各有特色。对于三维几何建模，"数据驱动"的内涵主要包含内容复用、几何推断、结构推理以及语义理解四个层次；从方法学角度，数据驱动三维建模可分为参数方法和非参数方法两类，如图 3.1 所示。目前各研究团队也大多是围绕这个框架展开相关研究。国防科技大学[83,84]通过学习三维模型集的风格-内容分离聚类实现了同类物体不同三维模型之间的部件对应，从而生成了更多的三维模型变种[85]。基于同类人造物体三维模型集合的结构分析，国防科技大学提出了一种图像启发的数据驱动三维建模方法[86]，基于三维模型集合的联合语义分析进一步提出了三维模型集合的自动演化方法[87]，将遗传算法的思想引入三维几何建模，可用于快速生成大批结构新颖且符合用户需求的三维模型。中国科学院深圳先进技术研究院提出了基于草图输入的交互式创造性建模，采用数据驱动方法生成部件建议，结合用户草图输入和当前模型的上下文进行候选部件检索，使用户不但可以通过模糊草图检索得到的候选部件来探索设计空间，也可以在设计确定后利用明确草图表达精确设计意图。受到 ShadowDraw 工作[88]的启发，中国科学技术大学团队研究了一种基于二维部件阴影暗示引导的数据驱动三维建模[89]。浙江大学团队研究了基于形状语法的自动三维模型集演化[90]。为解决部件之间的拼接问题，中国科学院深圳先进技术研究院团队提出了基于场的三维部件之间的自动对接以及在衔接处自动计算实现网格的拼接融合[91]方法。清华大学团队研究了基于单视点深度摄像机捕获的低质量点云的单个人造物体三维重建[92]，以一个小规模样例模型集作为基础，通过基于图像的部件检索和自底向上的部件组装完成建模。

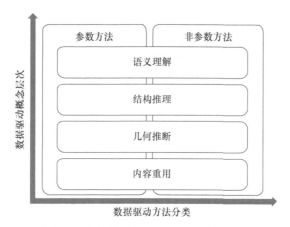

图 3.1 数据驱动三维建模的概念层次(纵轴)与方法分类(横轴)

**深度学习数据驱动三维建模的国内研究方兴未艾。**在深度三维表征学习方面，针对体卷积的计算和存储开销十分大的问题，微软亚洲研究院提出了基于八叉树空间划分的自适应体卷积技术[93]以及基于八叉树卷积神经网络的三维模型生成方法，以较低的时间和存储开销实现高质量三维表面模型的合成。在点云卷积方面，山东大学提出PointCNN实现了层次化的点云特征学习。结构相关的深度表征学习面向三维模型的结构特征，可以实现结构推理，保证了合成三维模型的结构合理性。国防科技大学团队提出了结构相关的三维生成模型，采用递归神经网络来编码三维模型部件的层次结构，使网络可以学习到部件本身的几何和部件间的关系(包括连接和对称)特征。深圳大学提出了结合三维体素和部件表示的保结构三维自动生成[89,94]，使得网络可以在全局结构与局部几何之间进行迭代优化，实现了由粗到精、由全局结构到局部细节的三维生成。

　　基于单视点图像的三维重建是典型的病态问题，三维深度学习强大的表征学习和几何推理能力为解决该问题带来了新的机遇。微软亚洲研究院采用卷积神经网络推断二维草图的深度图和向量图以实现三维建模。香港中文大学提出了从二维草图推断三维人脸模型的卷积神经网络。近年来基于单幅图像的结构化三维重建也开始得到更多关注。

### 3.2.2　绘制

　　我国在实时绘制领域的研究与工业应用水平蒸蒸日上。绘制的流程框架如图 3.2 所示，真实感画面的绘制从

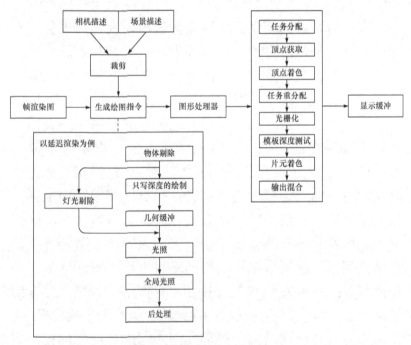

图 3.2　绘制的流程框架

摄像机和场景的描述开始，绘制模块在数据准备就绪后依据 RenderGraph（一种描述渲染各阶段逻辑和资源依赖关系的有向图）处理数据，生成相应的绘制指令并发送给 GPU，GPU 为任务分配硬件资源，获取顶点并执行顶点着色器，将变换后的结果依片元送往不同的硬件负载重新分配任务，接着执行光栅化，对片元进行深度和模板测试，然后执行片元着色，并将着色结果输出与帧缓冲进行混合。完成所有绘制指令后，将内容送往显示缓冲，交换当前显示器内容与缓冲内容并把图像最终显示在屏幕上。国内近些年在绘制过程中取得系列突破。在图形学顶级会议 ACM SIGGRAPH 上，清华大学与浙江大学每年都有相关论文发表，而 ACM SIGGRAPH ASIA 更是已经成为我国的主阵地。腾讯等公司在 SIGGRAPH 与 GDC 两个顶级会议上博取全球目光，腾讯与虚幻引擎等多方合作完成的数字人 Siren 在 2018 年的 GDC 上惊艳全场。

**在性能优化与加速绘制方面国内众多优秀的研究成果不断涌现**。北京航空航天大学提出了一种高效的场景光线求交技术[95]，通过体素化场景高效地进行场景中大量光源的阴影绘制，与普通的层次包围盒(BVH)光线求交技术相比速度获得了较大的提升。浙江大学通过自动平衡绘制效果与功耗[96]在基本保证不损失绘制质量的同时尽可能减少设备功耗。该方法无须对现有系统做出改动，具有很好的平台通用性，对移动设备的发热改善与电量节省有很大意义。相比使用最低绘制设置，采用这一技术能够在保证基本不损失质量的同时大幅降低功耗。

**在材质重建领域我国研究者已经站在了国际前沿**。为了更加简单高效地获取逼真的材质信息，浙江大学提出了一种使用自编码器提取反射光的方法[97]，能够从照片中还原材质表面的各向异性双向反射分布函数信息，加速了材质信息获取的工作流程。清华大学提出了一种可以从任意数量的照片中还原材料表面材质属性的方法[98]，但此类方法存在还原细节不准确的问题，仍有很大的进步空间。

　　**国内工业界与国际领先水平仍有一定差距，但这一差距正在逐渐缩短。**我国正在研发云-端结合的绘制引擎，通过研究绘制流水线的虚拟化和云化技术构建新的云-端异构绘制计算架构。在该引擎中，提供了复杂场景统一着色层次/简化表示、数据简化压缩功能以及云数据服务，通过挖掘绘制计算数据空/时域上的低秩性与冗余性，研发了多源几何数据的实时绘制方法、全局光照绘制方法并提供绘制算法的云服务。国内民间主导开发的开源引擎 KlayGE 一直保持着活跃的更新[99]，自 2018 年来已经完成了对多媒体编程接口 DX12.0 新 API 的支持，提升了资源绑定性能，将引擎整体切换至 ECS 架构(Entity-Component-System，一种数据驱动的架构，缓存的友好性能够促进性能提升)，增加了多线程着色器编译加速，使用常量缓冲(Constant Buffer)减少绘制开销，为延迟绘制框架加入景深特效，提升了基于物理绘制(PBR)材质系统的整体表现。随着学术界和工业界的一致努力，我国与国际先进产业的差距正在进一步缩小，实现从跟跑到并跑的改变。

### 3.2.3　交互

　　虚拟现实和增强现实的交互输入/输出通道十分重要。

应用于虚拟现实/增强现实的交互的输入/输出如图 3.3 所示，输入方面主要探索采取哪种输入方式能够帮助用户有效且自然地完成目标选择、导航、操控等基本的输入任务。输出方面包括感知层面和认知层面，首先用户通过头戴式显示器和相关设备接收 3D 视觉、听觉以及触觉刺激，用户通过多通道融合对接收到的视听触觉进行认知层面的处理并根据现实世界的经验比对虚拟场景。

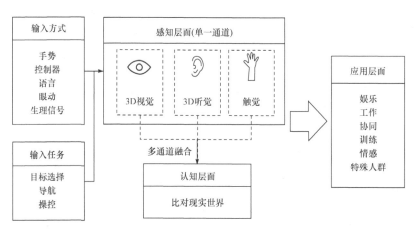

图 3.3　虚拟现实/增强现实的交互的输入/输出

**我国在虚拟现实和增强现实输入技术方面的研究与国际同步。**清华大学探索了头部输入[100]等不需要控制器的文本输入技术。中国科学院软件研究所针对现有手持控制器(如 HTC Vive 和 Oculus Rift)只能通过手腕进行输入的限制，提出在虚拟现实系统中将笔作为输入设备,充分发挥手指的灵活度,解决了虚拟现实环境下高精度输入的问题[101]。针对移动目标选择落点不确定性的问题提出了一维和二维移动目标选择不确定性模型[102,103]，针对基于穿越的目标选择提出了 Quaternary-Gaussian 模型[104]，实现了穿越目标选择落点分布的准确预测，填补了穿越移动目标获取理论模型的空白。南京航空航天大学研究了目标穿越输入技术在虚拟现实头戴显示器中的应用[105]，提出了基于穿越交互的虚拟现实交互设计建议。

　　**我国从事力触觉交互领域的研究单位在不断增多，但研究层次和水平仍需加强。**目前国内相关研究单位包括东南大学、北京航空航天大学、吉林大学、北京理工大学等。其中北京航空航天主要研究力触觉生成方法和力触觉反馈度量，东南大学在人机交互遥操作机器人的力触觉感知与反馈研究方面取得了突破，吉林大学主要研究虚拟现实终端的触觉再现机理和系统，北京理工大学关注于视触一致性交互以及可信度评价，中国科学院软件研究所研发了一个可通过温度、压力和摩擦等触觉刺激帮助用户指尖产生湿润幻觉的原型系统，可以模拟虚拟现实环境中如冰块、湿海绵等不同软硬的湿润物体[106,107]。整体上讲，国内关于力触觉交互的研究仍不够系统深入，无法满足多媒体终端产业对基础科学研究成果的需求。

　　**我国针对面向视力残障用户的虚拟现实/增强现实应用的研究取得明显成果。**清华大学在帮助盲人用户进行空间目标选择方面进行了积极的探索，研究了用户对空间位置的记忆能力以及在不需要视觉线索的情况下用户精准的指向能力[108]，设计了基于点阵的大幅面高精度触觉图形显示终端，通过计算机控制这些点阵的变化可以把传统的图片变成可以触摸的图形，并通过基于位置的三维声音导航和语音交互功能帮助盲人获得多通道融合的增强现实体验[109]。

　　**我国关于虚拟现实情感计算和情感交互的研究目前还处于起步阶段。**清华大学开发了"黑暗丛林"虚拟现实游戏，通过对三维声音的控制有效调节了用户的情绪[110]。中国科学院软件研究所使用虚拟现实游戏作为交互环境开展了虚拟现实情感深度养成方面的工作，深入研究了情感挑战独立存在以及与传统挑战并存时对用户情感体验的影响，揭示了情感挑战在新型虚拟现实环境和传统桌面环境中诱发的多维化和具体化的情感体验，为自然用户界面中的情感交互设计提供了有效指导，让用户界面蕴含情感、创造情感，促进自然用户界面情感化设计的发展[111,112]。

### 3.2.4　显示

　　**我国在虚拟现实显示整机产品方面与国际同步发展。**北京理工大学从 1992 年开始进行虚拟现实头戴式显示设备的研发工作，中国航空工业总公司第 613 研究所在 1998 年成功研制了相关的显示设备，西安北方光电有限公司、上海航旭机载电器有限公司和中科院长春光机所为代表的相关公司和研究机构也开展了虚拟现实显示的研究[113,114]。近些年，伴随着国际上对于虚拟现实的关注，国内推出虚拟现实显示产品的企业更是多如牛毛，主流产品供应商包括歌尔股份、暴风科技、小鸟看看、大朋 VR、华为、小米等公司；5G 和人工智能技术的发展也使得增强现实显示产品收到了普罗大众以及投资领域的热捧，耐德佳、枭龙科技、太若科技等初创公司在推出各自产品的同时也受到投资界的青睐。一些行业巨头利用多年的技术储备在虚拟现实领域发展迅速，上市公司歌尔股份先后成为三星、索尼、脸书等跨国公司的原始设计制造(ODM)供货商，虚拟现实头戴显示产品在中高端市场占有率较高；通信行业公司华为在 2016 年 4 月正式推出 VR 头戴显示设备，2019 年 10 月华为 VRGlass 也正式发布，其便携的造型得到了业内人士的一致好评。

　　**在光学实现方案方面形成自主设计加工体系。**如图 3.4 所示，增强现实系统显示设备可以分为视频透视式和光学透视式两种形式。视频透视式头戴显示器的工作原理如图 3.4(a)所示，由安装在头戴上的两个微型相机摄取真实环境的图像，图形工作站实时处理相机传来的图像信号并产生虚拟场景，将两者进行图像融合，最后通过类似于虚拟现实头戴显示器的显示系统呈现给用户。光学透视式头戴显示器原理如图 3.4(b)所示，真实场景直接透过光学组合器呈现给用户，经过光学系统放大的虚拟场景经光学组合器反射而进入眼睛。国内在光学实现方案方面的研究热点与亮点主要集中于自由曲面棱镜与光波导技术的光学透射式显示方面。自由曲面棱镜的实现在面型设计、优化、加工方面提出了较高的要求，北京理工大学团队实现了大视场角的光学透射式显示，孵化出北京耐德佳显示技术有限公司，实现了增强现实光学显示模组的批量生产[115]，并支持联想推出晨星 AR 眼镜；在光波导方面国内有多家单位投入大量研究，在显示分辨率、视场、透过率和系统紧凑性等多方面同时达到初期市场消费级别水平。在真三维显示方面，北京理工大学实现了基于多投影机的体三维显示和光学透射式光场近眼显示，上海交通大学利用多层体全息形成真实感三维图像[116]，北京邮电大学通过 GPU 对全息图的生成进行加速，实现了近眼全息显示[117]，并通过算法优化实现多种离屏空间悬浮光场显示系统[118]，浙江大学和四川大学在周视光场显示方面也取得系列研究成果[119,120]，这些在计算全息、光场渲染等方面的成果为未来虚拟现实显示平台提供了有效的方案。

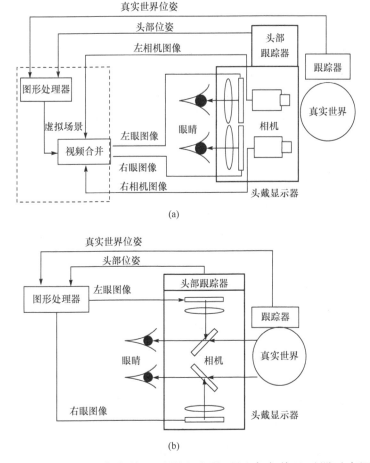

图 3.4　视频透视式头戴显示器和光学透视式头戴显示器示意图

　　**显示元件和硬件平台紧跟国际前沿，逐渐缩小差距。**高端显示元件和处理芯片一直是国内信息行业发展的关键技术。近年来国内相关研究机构和公司持续投入重金，在部分领域已经形成突破。京东方在 miniLED 和柔性显示领域推出系列产品，维信诺、柔宇科技等公司也在显示元件领域进行技术和专利的布局。在处理芯片领域，2018 年 8 月 31 日，华为海思在德国柏林国际电子消费品展览会(Internationale Funkausstellung World of Consumer Electronics，IFA)上发布麒麟 980 芯片，经过改造后可以应用于虚拟现实头戴式显示中。相信持续不断的投入将使得我国显示元件和硬件平台的水平与国际前沿差距越来越小，并逐渐占有一定的市场份额。

### 3.2.5　应用

　　近年来，虚拟现实/增强现实产业在中国市场风生水起，众多科研院所和科技公司投入大量资金及技术力量进行深入研究，消费级产品也开始在市场上涌现，相关成果主要涉及工业、医疗、教育、体育、娱乐等领域。

　　**虚拟现实与增强现实技术可应用于指挥决策模拟、虚拟战场环境、新装备的虚拟制造、单兵模拟训练，必将为显示技术带来突破性的进展。**借助虚拟现实技术可以创造险象环生、几近真实的立体战场环境，大大提高了训练质量。受训者可以通过头戴显示器、数据衣和数据手套或三维鼠标操作传感装置等做出或选择相应的战术动作，体验不同的作战效果，进而像参加实战一样锻炼和提高技战术水平、快速反应能力和心理承受力。在诸军种联合虚拟演习中应用虚拟现实技术可以使众多军事单位不受地域的限制参与到作战模拟中，评估武器系统的总体性能，启发新的作战思想。指挥官可以利用虚拟现实技术体验通过传感器信息等生成的部队部署和战场情况，从而更好地制定作战方案。将虚拟现实应用于军事领域可以减少人员、物资的损耗，提高军事训练效费比。今后的应用将会越来越广泛，发挥的作用也将会越来越大。

**要推进制造强国战略、实现制造业转型升级，离不开以虚拟现实为代表的新一代信息技术的应用。**虚拟现实技术的出现和发展为制造业研发设计、生产制造、经营管理、销售服务等全产业链创新发展提供了崭新的解决方案，也为深度融合带来了新契机。虚拟制造技术以数字化建模技术、计算机仿真技术以及分析优化技术为基础，可以在产品设计阶段实时模拟产品的未来制造全过程及其对产品设计的影响，达到产品的开发周期和成本最优化以及生产效率最高化的目的。随着虚拟现实技术产业的发展，制造业虚拟现实技术的应用案例不断涌现，应用模式和应用路径也在进一步成熟。海尔公司在"智能+5G互联工厂"中投入使用5G AR远程协作系统，家电产线工人通过增强现实头戴显示设备实时获得远程专家操作指导，提升了生产管理效率，降低了事故风险。我国在飞机设计过程中应用VR技术提前开展性能仿真演示、人机工效分析、总体布置、装配与维修性评估，能够及早发现、弥补设计缺陷，实现"设计-分析-改进"的闭环迭代，对降低成本、减少研制风险发挥了重要作用。我国自主研制的C919大型客机在试飞中采用的基于虚拟现实技术的模拟飞行系统可以对实际飞机中飞行的参数进行监控分析,确保飞机在预飞和实际飞行中相关参数的准确,为成功飞行提供了坚实的数据保障。

**基于虚拟现实/增强现实技术的教育培训可以打破时空界限、拓展知识的呈现方式,提高施教者以及学习者的体验感和效果。**为了实现信息技术与教育教学深度融合,我国教育部已经开展了国家级虚拟仿真实验教学中心和国家虚拟仿真实验教学项目的建设工作。借助虚拟现实技术可以构建一个高度仿真的虚拟实验环境和实验对象,实现真实实验不具备或难以完成的教学功能,学生可以通过在虚拟环境中开展实验达到所要求的认知与实践教学效果。北京理工大学与中国人民大学附属中学合作开设了增强现实创新课程,基于虚拟现实/增强现实头戴显示以及空间增强投影显示等技术研发了相应的教育内容产品,补充和完善了现有的教学体系,利用虚实结合的交互式体验教学模式提升了教学效果。2013 年,科学普及出版社出版了一系列基于增强现实技术的三维立体书。2018 年,腾讯与人民教育出版社正式签署战略合作协议,合作内容包括 AR 教材、人人通、个性化学习平台、云服务、智慧校园等。在保持传统书籍优势的基础上,以"真实的、立体的"场景激发读者强烈的阅读兴趣。网龙与福建省政府联合打造的 VR 体验中心面向基础教育以及职业教育,为学生打造高度开放、可交互、沉浸式的三维学习环境。

**虚拟现实/增强现实技术大大推进了可视化医疗的发展。**近年来,我国多家医院(如中国人民解放军总医院、协和、中日友好、积水潭等三甲医院)联合多所高校和企业研究所, 合作开展将虚拟现实/增强现实技术应用于可视化医疗诊治和手术导航等方面的研究工作, 取得了很好的效果。借助增强现实技术, 北京理工大学与安贞医院合作开展了混合现实引导 B 型主动脉夹层精准腔内修复技术的研究, 构建了主动脉夹层定量诊断、虚拟介入规划和术中多模态影像融合导航的诊疗一体化平台, 推进该技术向智能诊断、可视导航发展。该校孵化的北京艾瑞迈迪医疗科技公司与中国人民解放军总医院、地坛医院以肝胆系统肿瘤微创治疗为切入点, 开创系统化、规范化、个体化、动态式、经济型新模式, 为肝癌治疗制定精准和长效的方案。通过对 CT 引导肝肿瘤消融的研究, 为开展 CT 引导穿刺诊察、手术培训、微创消融手术等提供新型智能化的解决方法。北京航空航天大学孵化的北京众绘虚拟现实技术研究院有限公司专注于医疗行业虚拟现实技术应用与推广, 面向医院和医学院中的医护人员操作技能实训和手术能力提升等需求, 建立了可个性化定制的几何、物理、生理虚拟人体, 开展了支持多通道自然交互的虚拟手术仿真模拟, 研制了视听触觉融合的口腔手术模拟器、腹腔镜手术模拟器、心血管介入手术模拟器等系列软硬件产品, 为先进医学教育模式创新发展提供了新的技术支撑。

**虚拟现实/增强现实技术近年来已逐步应用于影视、体育赛事直播、训练等领域, 使用户获得更加舒适、真实的体验效果。**2019 年, 华为发布 Cloud VR 连接服务, 将云计算、云渲染的理念及技术引入到虚拟现实业务应用中, 将云端的显示输出和声音输出等经过编码压缩后传输到用户的终端设备, 实现虚拟现实业务内容上云、渲染上云,云 VR 业务方案的提出使得广泛的虚拟现实应用成为可能。目前国内的虚拟现实/增强现实娱乐游戏市场处于发展初期。在各地展会及体验馆内，可以体验到基于虚拟现实技术的各类赛车平台、电影设备、过山车、魔幻旅行等，身临其境的畅快感受让用户十分看好其发展。北京理工大学和北京圣威特科技有限公司联合研发的"集结号"VR Ride 大型骑乘系统结合了虚拟现实技术、全景声技术、多自由度动感轨道车、外置特效设备等，使游客能够全程沉浸到体验影片中，为观众带来震撼的视听体验。目前国内在娱乐游戏内容研发领域还比较薄弱，国内只有网易、完美等厂商正在开发或已经正式推出虚拟现实游戏产品，内容创意方面还有很大的挖掘空间。在电子商务方面，阿里巴巴宣布成立 VR 实验室，发布"Buy+"计划并推出增强现实产品"淘宝买啊"，通过增强现实技术改变用户的购物体验。随着中国影视和体育产业不断发展，科技创新加速推进，虚拟现实技术越来越多地应用于演出和赛事直播领域。2019 年江西卫视推出了 5G+VR 春晚，有效提升了收视率。为了丰富观众的体验，2022 年北京冬奥会将开启"即使不在现场，也可'身临其境'"的智能观赛模式。

### 3.2.6　标准

我国高度重视虚拟现实标准化工作。2016 年，在工业和信息化部电子信息司指导下，虚拟现实产业联盟(IVRA)成立虚拟现实产业联盟标准化委员会，并在 2017 年发布了我国虚拟现实领域的相关团体标准。2016 年在全国信息技术标准化技术委员会图形图像分委会(SAC/TC28/SC24)指导下成立了虚拟现实与增强现实标准工作组，并开展了虚拟现实相关国家标准制定工作。2019 年 12 月，标准工作组发布多项国家标准，包括《GB/T 38259-2019　信息技术　虚拟现实头戴式显示设备通用规范》《GB/T 38258-2019　信息技术　虚拟现实应用软件基本要求和测试方法》和《GB/T 38247-2019　信息技术　增强现实　术语》，另外还有多项标准处于报批和起草阶段。2018 年 12 月 25 日，工业和信息化部发布的《工业和信息化部关于加快推进虚拟现实产业发展的指导意见》指出，将"建立标准规范"作为支撑，加快标准规范制定、重点标准制定、检验认证等工作，为虚拟现实标准制定工作提出政策指导。

　　**目前，国内外在虚拟现实领域标准研究方面尚处于起步和探索阶段。**大力发展标准规范的研究工作，抢占世界虚拟现实产业"标准高地"有利于发挥标准对产业的引导支撑作用，提升我国虚拟现实技术和产业影响力。

# 第 4 章  创 新 发 展

## 4.1  舒 适 呈 现

在使用头戴式显示器的虚拟现实/增强现实应用系统中，用户在佩戴头戴显示器时由于视差型三维显示设备的成像特点导致双目辐辏系统和聚焦系统之间的冲突不可避免，过大的双目视差或过快的视差变化速度会引起双目图像融合困难，从而使用户产生疲劳感。显示内容的虚实融合是增强现实系统的重要特征，其核心问题是头戴显示器的标定技术，不准确的标定结果会引起虚实信息失配的问题，引发视觉不适。

为此需要针对亮度、色度、纹理方向、形状、大小、对比度、空间频率、闪烁频率、运动信息等三维场景图像属性，结合人眼视觉系统中左右眼视觉信息的交互机制，基于头戴近眼显示特性，分析双目视觉内容在各种视频图像属性上的差异，建立双目交互机制与视觉舒适感耦合关系的数学模型。针对视差在像素域和时域上的分布，分别检测三维视频内容中超出可融合范围的视差和大于可容忍限制的变化速率，并建立视差与视觉舒适感的相关模型。深入分析用户基于视网膜视差、透视关系、遮挡关系、相对大小、纹理梯度、运动视差等深度线索感知到的深度，揭示深度信息不匹配给舒适度带来的影响。此外，还需要加强符合人眼观察习惯的高性能光场近眼显示系统研究，通过将光场、全息等技术和近眼显示相结合，解决近眼显示系统由于人眼辐辏与聚焦失配导致的视疲劳，使得用户长期佩戴成为可能。

## 4.2 自 然 交 互

目前虚拟现实/增强现实系统的人机交互大多通过手柄或基于计算机视觉的手势识别实现，手柄交互并不是人类最自然的交互方式，在目前广泛使用的基于计算机视觉的手势识别系统中需要穿戴系统内置的摄像机对用户手部进行连续拍摄，手势交互的范围和姿态受到摄像机视场的限制。另外，用户在与可穿戴虚拟现实/增强现实系统进行交互时，交互的复杂度和易理解度不尽相同，每一种操作任务的交互设计直接影响到操作时间、用户疲劳度和用户学习时间等，从而对系统的易用性和易学性产生决定性影响。如何通过对可穿戴虚拟现实/增强现实系统的人因工效分析和优化设计扩展其应用范围是本领域当前面临的重大技术挑战。

未来应用于虚拟现实的自然交互需要依据人因工效学理论，通过分析手势的复杂度、易疲劳度和易理解性获取完整的手势人因工效学参数，基于手势的关节姿态与手指运动对交互手势进行分类，在此基础上构建手势的综合评价模型，优选最佳手势并据此构建优化的交互手势集，设计适合的硬件结构及软件算法，总结穿戴交互系统中手势识别系统的设计要点，实现用于可穿戴虚拟现实/增强现实系统的精准手势识别。

## 4.3　智　能　界　面

增强现实系统往往直接在场景中叠加渲染好的虚拟物体，很少考虑所呈现信息本身的特征对信息呈现效率的影响。目前应用于增强现实系统的情景感知服务普遍忽略了用户偏好和机械推送对用户满意度的影响，存在用户体验不佳的问题。

提升用户体验是未来增强现实的重要研究方向，通过研究用户对于增强现实系统中虚拟信息的感知问题，根据真实场景的深度确定虚拟信息叠加的深度和位置、根据环境光照确定虚拟物体的颜色和纹理，可以获得更加符合用户观察习惯的三维内容。研究用户信息消费偏好模型，依据用户执行任务的认知次序划分子场景，根据所划分的每个不同场景智能推送，可以有效改善用户自然交互的满意度。通过分析研究环境光照、背景颜色对增强现实系统中信息呈现效率的影响，以及呈现的信息本身特征包括颜色、纹理、大小、位置等对界面信息获取效率的影响，最终设计出具有良好交互体验的可穿戴设备用户界面，实现基于情景感知的高效信息推送。

## 4.4　智能化三维建模

近年来随着机器学习技术，尤其是深度学习技术在三维几何领域中的广泛、深入运用，三维建模新思想、新框架、新技术不断涌现。作为三维建模的一个新兴发展趋势，深度学习为数据驱动三维建模带来了深刻变革和全新挑战。深度神经网络学习得到的三维几何和拓扑表征可以用于从几何推断、结构推理到语义理解多个层次的数据驱动三维建模，实现更加智能、灵活、通用的三维内容生成。同时，端到端训练的深度网络可将局部的几何合成和全局的结构-语义约束统一在一个生成模型中，实现从低层表征到高层推理的"全栈式"数据驱动建模，改变了以往方法对人为定义三维表示及相应建模约束规则的依赖，从而可以实现更加智能化的三维建模。

从学科发展的角度来说，人工智能技术与三维内容生成的结合催生了全新的理论问题和技术挑战，促进了学科的交叉融合发展。同时，深度学习对数据的极大需求也反向推动了大规模三维数据集的建立和发展。更为重要的是，数据驱动三维建模产生的大量新三维数据可对已有数据集形成增强，可以驱动更为复杂、更高层次的任务。特别是当输入(训练)数据中富含语义、属性、功能等信息时，生成数据很可能也会随之附带上述信息。由此可见，数据驱动的三维内容生成以及伴随其中的知识迁移可在数据和知识之间形成闭环，不断促进三维大数据的形成、推动虚拟现实技术的发展。

## 4.5 5G 的发展

在虚拟现实/增强现实技术中，环境理解、场景渲染、语音识别、视线跟踪、手势感应等都需要低延时处理。5G

可提供超大带宽、超低接入时延和广覆盖的接入服务，可以满足虚拟现实/增强现实应用的严苛要求。5G 天然具有移动性和随时随地访问的优势，为虚拟现实业务提供了更加灵活的接入方式[121]。

2019 年 12 月，在召开的 2020 年全国工业和信息化工作会议指出，结合 5G 商用步伐，加快 4K/8K、VR/AR 等新技术应用，增加中高端信息服务供给。虚拟现实/增强现实技术最能让用户直接感受 5G 带来便利，5G 根据业务需求匹配网络和计算资源可以更好地满足虚拟现实需求，推动虚拟现实创新应用发展。5G+VR/AR 将释放更多潜力，使虚拟现实产业从起步培育期向快速发展期迈进，5G+VR 直播、5G+VR 教室、5G+AR 手术以及 5G+VR 工业协作等应用方式已经出现，并逐渐进入我们的日常生活。中国信息通信研究院牵头成立了虚拟现实产业推进会（VRPC），以 5G 与千兆家宽为抓手，依托运营商在青岛等地开展 5G 云 VR 应用创新试点，旨在探索普适 VR 发展之路[122]。

## 4.6　人工智能的发展

随着虚拟现实技术和人工智能技术的快速进步，虚拟现实应用领域的日益拓展及其对虚拟现实系统功能智能化需求的不断提高，人工智能技术开始融入虚拟现实系统并逐步成为虚拟现实系统的重要特征。

2018 年以来，谷歌、脸书、微软、英伟达等信息技术跨国公司在虚拟现实领域的布局日益深化，人工智能对虚拟现实产业的影响轨迹日渐清晰。一是渲染处理，深度学习渲染成为人工智能图像渲染领域的重要创新。英伟达将其用于基于神经网络的图像降噪训练，通过深度学习来渲染边缘光滑的内容。脸书等尝试在进行注视点渲染的同时借助深度学习填充注视点之外尚待渲染的图像，有效降低了渲染负载。二是内容制作，为了进一步增强虚拟现实内容的社交性和互动性，以真实用户为对象的虚拟化身成为虚拟现实领域的发展热点。腾讯已考虑开发 VR 版微信，脸书推出了名为 Oculus Venues 的虚拟现实应用，可让用户与朋友、虚拟世界中成千上万的用户共同观看世界各地音乐会、演唱会、体育赛事等活动。三是感知交互，人工智能已在图像识别等语义理解方面取得显著成果，在追踪定位、行为预测等方面发展潜力较大。未来人工智能技术可以提供智能的导航、情感理解以及办公辅助等在工作生活场景下需要的内容，虚拟现实/增强现实技术可以为这些信息提供更好的呈现平台，进一步方便我们的工作和生活。

## 4.7　同步混合现实

在传统的虚拟现实技术中，用户完全沉浸在计算机构建的新环境中，可以获得良好的沉浸式体验。但由于用户无法看到、听到和触摸到真实的物理环境，且系统所构建的虚拟环境与真实环境之间没有直接联系，导致真实环境中的物体往往被视为系统中的干扰因素或障碍物。同步混合现实(Synchronized Mixed Reality)是面向长时沉浸的新型交互式显示技术，让用户在沉浸于虚拟环境的同时实现与真实环境及设备的物理交互，从而创建一种与真实物理环境相互包容的全新虚拟环境，可以解决虚实环境之间的多通道感官融合及功能穿透等问题。

同步混合现实技术为用户构建的是一种与环境匹配的高沉浸度、高真实感、动态虚实融合、功能可穿透的交互环境，通过动态环境构建、被动力触觉和视频透视等技术来保证真实环境与虚拟环境在空间和状态上的同步，让用户同时置身于两个世界中并同时操控两个世界的对象，在获得前所未有的空间感受的同时，有效地将现存各种设备与虚拟现实环境相融合，极大地扩展了虚拟现实技术的应用边界。同步混合现实使得用户可以同时与两个空间的对象进行交互，在通过虚拟技术扩大用户所处空间的同时，保证用户依然能够完成其在物理空间中的各项工作。同步混合现实技术是虚拟现实技术的重要发展趋势，为未来人们将工作、学习乃至生活逐步融入虚拟空间中提供技术支撑。

# 第5章 未来展望

　　虚拟现实/增强现实技术拓展了人类感知能力，提供了更高的沉浸感、更多的想象性和更强的交互性。今后，电视、电影、电脑等信息呈现形式有望被虚拟现实技术所取代，借助计算机生成的虚拟世界，用户可以获得大范围、大视场角、高清晰度的真实感体验并实现自然人机交互。增强现实强调真实世界和虚拟世界的信息融合。人类通过进化，从爬行终于变成了站立；随着计算机的出现，人类开始每天坐在计算机旁；之后手机等移动终端虽然让人类离开了电脑桌，但又变成了"低头族"；在未来，增强现实与 5G 通信、人工智能技术的融合发展会使人类重新昂首挺胸地站立起来，人们不再需要通过低头看手机屏幕获得信息，在日常工作和生活中所需要的知识和信息都将智能、无缝地与真实世界进行融合匹配，实时推送到人们眼前。我们相信，在不远的将来，虚拟现实和增强现实技术的应用范围将会渗透到各行各业，涵盖军事、医疗、工业、文化、教育、展览等专业领域，以及游戏、影视、社交、购物、旅游、健身等日常生活领域，给人们的生产和生活方式带来颠覆性的变化。

　　虚拟现实和增强现实技术发展到今天，得到了学术界和工业界的广泛关注，所取得的成果离不开半个世纪来国内外专家学者的辛勤工作。本书仅从建模、绘制、交互、显示以及应用等方面对虚拟现实和增强现实技术的国内外发展进行简述，提出的一些想法和观点旨在抛砖引玉，希望激发更多的科研和工程人员参与到未来虚拟现实/增强现实世界愿景的建设中。

# 致　谢

　　本专题由余少华院士策划、安排和组织，主要由王涌天教授牵头撰写完成。初稿完成后，余少华院士和赵沁平院士审阅了书稿并提出了宝贵的意见和建议。中国科学院软件研究所田丰研究员、清华大学徐凯研究员、浙江大学金小刚教授、北京航空航天大学郝爱民教授、北京理工大学翁冬冬研究员、付莹工程师等同志参与了本书的撰写工作。此外，本书参考了由北京交通大学国家专利导航项目(高校)研究和推广中心周静主任等撰写的《虚拟现实相关技术专利信息分析》等国内外同行的大量文献。最后，余少华院士对全书进行了审定，在此一并表示衷心的感谢。

作者：王涌天　刘越　宋维涛

# 参 考 文 献

[1] Sutherland I E. A head-mounted three dimensional display[C]. AFIPS '68 (Fall, part I): Proceedings of the December 9-11, 1968: 757-764.

[2] Rheingold H. Virtual Reality[M]. New York: Summit Books, 1991.

[3] Caudell T P, Mizell D W. Augmented reality: An application of heads-up display technology to manual manufacturing processes[C]. Hawaii International Conference on System Sciences, 1992: 659-669.

[4] 虚拟现实技术与产业发展战略研究项目组. 虚拟现实技术与产业发展战略研究[M]. 北京: 科学出版社, 2016.

[5] Navy, Marines Spotlight Future of Amphibious, Autonomous Warfare[EB\OL]. https://www.defense.gov/Explore/News/Article/Article /1178836/navy-marines-spotlight-future-of-amphibious-autonomous-warfare/.

[6] 虚拟现实研究国际发展态势分析——国际科学技术前沿报告 2018 之五 [EB\OL]. https://govtribe.com/project/hybrid-reality-hr-augmented-reality-ar-virtual-reality-vr-and-mixed-reality-mr-based-operations-training-engineering-designanalysis-analogs-and-human-health-in-space.

[7] AR 技术在智慧交通中的应用[EB\OL]. https://blog.csdn.net/Lenzetech/ article/ details/103049419.

[8] How Virtual Reality Could Help Stop the Next Ebola Outbreak[EB\OL]. https://www.nextgov.com/emerging-tech/2016/09/how-virtual-reality-could-help-stop-next-ebola-outbreak/131433/.

[9] 世界主要国家抢占 VR 战略先机[EB\OL]. http://www.ccidnet.com/2016/ 0902/10178424.shtml.

[10] 韩国成立虚拟现实与增强现实研发中心[EB\OL]. http://www.most.gov.cn/ gnwkjdt/201703/t20170313_131915.htm.

[11] 北京交通大学国家专利导航项目(高校)研究和推广中心. 虚拟现实相关技术专利信息分析[R], 2018-12.

[12] 胡瑞珍, 郑友怡, 高林, 等. 数据时代几何处理与建模的研究进展与趋势[J]. CCF2016~2017 中国计算机科学技术发展报告会论文集, 2017-10.

[13] Xu K, Kim V G, Huang Q, et al. Data-driven shape analysis and processing[C]. ACM SIGGRAPH Asia 2016 Courses, 2016: 1-38.

[14] Funkhouser T, Kazhdan M, Shilane P, et al. Modeling by example[J]. ACM Transactions on Graphics, 2004, 23(3): 652-663.

[15] Chaudhuri S, Koltun V. Data-driven suggestions for creativity support in 3D modeling[C]. ACM SIGGRAPH Asia, 2010: 1-10.

[16] Xu K, Zhang H, Cohen-Or D, et al. Fit and diverse: Set evolution for inspiring 3D shape galleries[J]. ACM Transactions on Graphics, 2012, 31(4): 1-10.

[17] Mitra N J, Wand M, Zhang H, et al. Structure-aware shape processing [C]. ACM SIGGRAPH 2014 Courses, 2014: 1-21.

[18] Chaudhuri S, Kalogerakis E, Guibas L, et al. Probabilistic reasoning for assembly-based 3D modeling[C]. ACM SIGGRAPH, 2011: 1-10.

[19] Zhu Z, Wang X, Bai S, et al. Deep learning representation using autoencoder for 3D shape retrieval[J]. Neurocomputing, 2016, 204: 41-50.

[20] Su H, Maji S, Kalogerakis E, et al. Multi-view convolutional neural networks for 3D shape recognition[C]. Proceedings of the IEEE International Conference on Computer Vision, 2015: 945-953.

[21] Groueix T, Fisher M, Kim V G, et al. A papier-mâché approach to learning 3D surface generation[C]. Proceedings of the IEEE Conference on Computer Vision and Pattern Recognition, 2018: 216-224.

[22] Wang N, Zhang Y, Li Z, et al. Pixel2Mesh: Generating 3D mesh models from single RGB images[C]. Proceedings of the European Conference on Computer Vision, 2018: 52-67.

[23] Sinha A, Bai J, Ramani K. Deep learning 3D shape surfaces using geometry images[C]. Proceedings of European Conference on Computer Vision, 2016: 223-240.

[24] Qi C R, Su H, Mo K, et al. PointNet: Deep learning on point sets for 3D classification and segmentation[C]. Proceedings of the IEEE Conference on Computer Vision and Pattern Recognition, 2017: 652-660.

[25] Wu J, Zhang C, Xue T, et al. Learning a probabilistic latent space of object shapes via 3D generative-adversarial modeling[C]. Advances in Neural Information Processing Systems, 2016: 82-90.

[26] Chen Z, Zhang H. Learning implicit fields for generative shape modeling[C]. Proceedings of the IEEE Conference on Computer Vision and Pattern Recognition, 2019: 5939-5948.

[27] Park J J, Florence P, Straub J, et al. DeepSDF: Learning continuous signed distance functions for shape representation[C]. Proceedings of the IEEE Conference on Computer Vision and Pattern Recognition, 2019: 165-174.

[28] Xu Q, Wang W, Ceylan D, et al. DISN: Deep implicit surface network for high-quality single-view 3D reconstruction[C]. Advances in Neural Information Processing Systems, 2019: 490-500.

[29] Fan H, Su H, Guibas L J. A point set generation network for 3D object reconstruction from a single image[C]. Proceedings of the IEEE Computer Vision and Pattern Recognition, 2017: 605-613.

[30] Sung M, Su H, Kim V G, et al. ComplementMe: Weakly-supervised component suggestions for 3D modeling[J]. ACM Transactions on Graphics, 2017, 36(6): 1-12.

[31] Fan L, Wang R, Xu L, et al. Modeling by drawing with shadow guidance[C]. Computer Graphics Forum, 2013, 32(7): 157-166.

[32] Xie X, Xu K, Mitra N J, et al. Sketch-to-design: Context-based part assembly[C]. Computer Graphics Forum, 2013, 32(8): 233-245.

[33] Li C, Pan H, Liu Y, et al. Robust flow-guided neural prediction for sketch-based freeform surface modeling[J]. ACM Transactions on Graphics, 2018, 37(6): 1-12.

[34] Benyoub A. Leveraging real-time ray tracing to build a hybrid game engine[C]. ACM SIGGRAPH 2019 Advances in Real-Time Rendering in Games Courses.

[35] Koskela M, Immonen K, Mäkitalo M, et al. Blockwise multi-order feature regression for real-time path-tracing reconstruction[J]. ACM Transactions on Graphics, 2019, 38(5): 1-14.

[36] Schied C, Kaplanyan A, Wyman C, et al. Spatiotemporal variance-guided filtering: Real-time reconstruction for path-traced global illumination[C]. ACM High Performance Graphics, Los Angeles, 2017: 1-12.

[37] Lee S, Kim Y, Eisemann E. Iterative depth warping[J]. ACM Transactions on Graphics, 2018, 37(5): 1-13.

[38] Bowles H, Mitchell K, Sumner R W, et al. Iterative image warping[C]. Computer Graphics Forum, 2012, 31(2): 237-246.

[39] Tursun O T, Arabadzhiyska-Koleva E, Wernikowski M, et al. Luminance-contrast-aware foveated rendering[J]. ACM Transactions on Graphics, 2019, 38(4): 1-14.

[40] Mayer S, Schwind V, Schweigert R, et al. The effect of offset correction and cursor on mid-air pointing in real and virtual environments[C]. Proceedings of the 2018 CHI Conference on Human Factors in Computing Systems,

2018: 1-13.

[41] Cashion J, Wingrave C, LaViola J J. Optimal 3D selection technique assignment using real-time contextual analysis[C]. Proceedings of the IEEE Symposium on 3D User Interfaces, 2013: 107-110.

[42] Moore A G, Hatch J G, Kuehl S, et al. VOTE: A ray-casting study of vote-oriented technique enhancements[J]. International Journal of Human-Computer Studies, 2018, 120: 36-48.

[43] Walker J, Li B, Vertanen K, et al. Efficient typing on a visually occluded physical keyboard[C]. Proceedings of the 2017 CHI Conference on Human Factors in Computing Systems, 2017: 5457-5461.

[44] Gugenheimer J, Dobbelstein D, Winkler C, et al. FaceTouch: Enabling touch interaction in display fixed UIs for mobile virtual reality[C]. Proceedings of the 29th Annual Symposium on User Interface Software and Technology, 2016: 49-60.

[45] Bowman D A, Rhoton C J, Pinho M S. Text input techniques for immersive virtual environments: An empirical comparison[C]. Proceedings of the Human Factors and Ergonomics Society Annual Meeting, 2002, 46(26): 2154-2158.

[46] Feuchtner T, Müller J. Ownershift: Facilitating overhead interaction in virtual reality with an ownership-preserving hand space shift[C]. Proceedings of the 31st Annual ACM Symposium on User Interface Software and Technology, 2018: 31-43.

[47] Choi I, Ofek E, Benko H, et al. CLAW: A multifunctional handheld haptic controller for grasping, touching, and triggering in virtual reality[C]. Proceedings of the 2018 CHI Conference on Human Factors in Computing Systems, 2018: 1-13.

[48] Whitmire E, Benko H, Holz C, et al. Haptic revolver: Touch, shear, texture, and shape rendering on a reconfigurable virtual reality controller[C]. Proceedings of the 2018 CHI Conference on Human Factors in Computing Systems, 2018: 1-12.

[49] Strasnick E, Holz C, Ofek E, et al. Haptic links: Bimanual haptics for virtual reality using variable stiffness actuation[C]. Proceedings of the 2018 CHI Conference on Human Factors in Computing Systems, 2018: 1-12.

[50] HaptX Inc[EB\OL]. https://haptx.com/technology/.

[51] Manus VR[EB\OL]. https://manus-vr.com/prime-haptic-gloves/.

[52] DextraRobotics[EB\OL]. https://www.dextarobotics.com/en-us.

[53] Choi I, Hawkes E W, Christensen D L, et al. Wolverine: A wearable haptic interface for grasping in virtual reality[C]. IEEE/RSJ International Conference on Intelligent Robots and Systems, 2016: 986-993.

[54] Pacchierotti C, Sinclair S, Solazzi M, et al. Wearable haptic systems for the fingertip and the hand: Taxonomy, review, and perspectives[J]. IEEE Transactions on Haptics, 2017, 10(4): 580-600.

[55] Yang J, Horii H, Thayer A, et al. VR grabbers: Ungrounded haptic retargeting for precision grabbing tools[C]. Proceedings of the 31st Annual ACM Symposium on User Interface Software and Technology, 2018: 889-899.

[56] Abtahi P, Follmer S. Visuo-haptic illusions for improving the perceived performance of shape displays[C]. Proceedings of the 2018 CHI Conference on Human Factors in Computing Systems, 2018: 1-13.

[57] Azmandian M, Hancock M, Benko H, et al. Haptic retargeting: Dynamic repurposing of passive haptics for enhanced virtual reality experiences[C]. Proceedings of the 2016 CHI Conference on Human Factors in Computing Systems, 2016: 1968-1979.

[58] Darken R P, Sibert J L. Wayfinding strategies and behaviors in large virtual worlds[C]. Proceedings of the SIGCHI Conference on Human Factors in Computing Systems, 1996: 142-149.

[59] Darken R P, Sibert J L. Navigating large virtual spaces[J]. International Journal of Human‐Computer Interaction, 1996, 8(1): 49-71.

[60] Yanko M R, Odell D. People can compensate for directional mismatches between input devices and cursor motions, up to a threshold[C]. Proceedings of the Human Factors and Ergonomics Society Annual Meeting, 2019, 63(1): 1164-1168.

[61] Interrante V, Ries B, Anderson L. Seven league boots: A new metaphor for augmented locomotion through moderately large scale immersive virtual environments[C]. 2007 IEEE Symposium on 3D User Interfaces. Page 167-170. DOI: 10.1109/3DUI.2007.340791.

[62] Marchal M, Lecuyer A, Cirio G, et al. Walking up and down in immersive virtual worlds: Novel interactive techniques based on visual feedback[C]. 2010 IEEE Symposium on 3D User Interfaces, 2010: 19-26.

[63] Zhao Y, Kupferstein E, Castro B V, et al. Designing AR visualizations to facilitate stair navigation for people with low vision[C]. Proceedings of the

32nd Annual ACM Symposium on User Interface Software and Technology, 2019: 387-402.

[64] Zhao Y, Bennett C L, Benko H, et al. Enabling people with visual impairments to navigate virtual reality with a haptic and auditory cane simulation[C]. Proceedings of the 2018 CHI Conference on Human Factors in Computing Systems, 2018: 1-14.

[65] Guo A, Chen X A, Qi H, et al. VizLens: A robust and interactive screen reader for interfaces in the real world[C]. Proceedings of the 29th Annual Symposium on User Interface Software and Technology, 2016: 651-664.

[66] Guo A, Jain A, Ghose S, et al. Crowd-AI camera sensing in the real world[J]. Proceedings of the ACM on Interactive, Mobile, Wearable and Ubiquitous Technologies, 2018, 2(3): 1-20.

[67] Dey A, Piumsomboon T, Lee Y, et al. Effects of sharing physiological states of players in a collaborative virtual reality gameplay[C]. Proceedings of the 2017 CHI Conference on Human Factors in Computing Systems, 2017: 4045-4056.

[68] Lin J H T. Fear in virtual reality (VR): Fear elements, coping reactions, immediate and next-day fright responses toward a survival horror zombie virtual reality game[J]. Computers in Human Behavior, 2017, 72: 350-361.

[69] Chirico A, Yaden D B, Riva G, et al. The potential of virtual reality for the investigation of AWE[J]. Frontiers in Psychology, 2016, 7: 1766.

[70] Meuleman B, Rudrauf D. Induction and profiling of strong multi-componential emotions in virtual reality[J]. IEEE Transactions on Affective Computing. Page 1-15. DOI: 10.1109/TAFFC.2018.2864730.

[71] Diemer J, Alpers G W, Peperkorn H M, et al. The impact of perception and presence on emotional reactions: A review of research in virtual reality[J]. Frontiers in Psychology, 2015, 6: 26.

[72] Onuma H, Maegawa M, Kurisu T, et al. 1,053 ppi full-color "silicon display" based on micro-LED technology[C]. SID Symposium Digest of Technical Papers, 2019, 50(1): 353-355.

[73] Casey C J. Helmet-mounted displays on the modern battlefield[C]. Helmet- and Head-Mounted Displays IV. International Society for Optics and Photonics, 1999, 3689: 270-277.

[74] Erfle H. Ocular: US, 1478704[P], 1923-12-25.

[75] Togino T. Visual display apparatus comprising a decentered correcting

optical system: US, 5513041[P], 1996-4-30.

[76] Fergason J L. Optical system for a head mounted display using a retro-reflector and method of displaying an image: US, 5621572[P], 1997-4-15.

[77] Togino T, Takahashi J. Head-mounted display apparatus comprising a rotationally asymmetric surface: U S, 5959780[P], 1999-9-28.

[78] Cox J A, Fritz T. Head mounted display utilizing diffractive optical elements: US, 5537253[P], 1996-7-16.

[79] Niv Y, Nivon U, Cohen T. Wide field-of-view binocular device, system and kit: US, 7492512[P], 2009-2-17.

[80] Lanman D, Luebke D. Near-eye light field displays[J]. ACM Transactions on Graphics, 2013, 32(6): 1-10.

[81] Jang C, Bang K, Moon S, et al. Retinal 3D: Augmented reality near-eye display via pupil-tracked light field projection on retina[J]. ACM Transactions on Graphics, 2017, 36(6): 1-13.

[82] QD Laser [EB\OL]. http://www.qdlaser.com/.

[83] Xu K, Kim V G, Huang Q, et al. Data-driven shape analysis and processing[C]. SIGGRAPH ASIA 2016 Courses, 2016: 1-38.

[84] 胡瑞珍, 郑友怡, 高林, 等. 数据时代几何处理与建模的研究进展与趋势[C]. CCF 2016-2017 中国计算机科学技术发展报告会论文集, 2017: 10.

[85] Xu K, Li H, Zhang H, et al. Style-content separation by anisotropic part scales[C]. ACM SIGGRAPH ASIA 2010, 2010: 1-10.

[86] Xu K, Zheng H, Zhang H, et al. Photo-inspired model-driven 3D object modeling[J]. ACM Transactions on Graphics, 2011, 30(4): 1-10.

[87] Wang P S, Sun C Y, Liu Y, et al. Adaptive O-CNN: A patch-based deep representation of 3D shapes[J]. ACM Transactions on Graphics, 2018, 37(6): 1-11.

[88] Lee Y J, Zitnick C L, Cohen M F. ShadowDraw: Real-time user guidance for freehand drawing[J]. ACM Transactions on Graphics, 2011, 30(4): 1-10.

[89] Wang H, Schor N, Hu R, et al. Global-to-local generative model for 3D shapes[J]. ACM Transactions on Graphics, 2018, 37(6): 1-10.

[90] Guo X, Lin J, Xu K, et al. Creature grammar for creative modeling of 3D monsters[J]. Graphical Models, 2014, 76(5): 376-389.

[91] Huang H, Gong M, Cohen-Or D, et al. Field-guided registration for feature-conforming shape composition[J]. ACM Transactions on Graphics, 2012, 31(6): 1-11.

[92] Shen C H, Fu H, Chen K, et al. Structure recovery by part assembly[J]. ACM Transactions on Graphics, 2012, 31(6): 1-11.

[93] Wu R, Zhuang Y, Xu K, et al. PQ-NET: A generative part Seq2Seq network for 3D shapes[J]. arXiv preprint arXiv:1911.10949, 2019.

[94] Wu Z, Wang X, Lin D, et al. SAGNet: Structure-aware generative network for 3D-shape modeling[J]. ACM Transactions on Graphics, 2019, 38(4):1-4.

[95] Wang L, Liang X, Meng C, et al. Fast ray-scene intersection for interactive shadow rendering with thousands of dynamic lights[J]. IEEE Transactions on Visualization and Computer Graphics, 2018, 25(6): 2242-2254.

[96] Zhang Y, Ortin M, Arellano V, et al. On-the-fly power-aware rendering[C]. Computer Graphics Forum, 2018, 37(4): 155-166.

[97] Kang K, Chen Z, Wang J, et al. Efficient reflectance capture using an autoencoder[J]. ACM Transactions on Graphics, 2018, 37(4): 1-10.

[98] Gao D, Li X, Dong Y, et al. Deep inverse rendering for high-resolution SVBRDF estimation from an arbitrary number of images[J]. ACM Transactions on Graphics, 2019, 38(4): 134.

[99] KlayGE[EB\OL]. http://www.klayge.org/.

[100] Yu C, Gu Y, Yang Z, et al. Tap, dwell or gesture? Exploring head-based text entry techniques for HMDs[C]. Proceedings of the 2017 CHI Conference on Human Factors in Computing Systems, 2017: 4479-4488.

[101] Li N, Han T, Tian F, et al. Get a Grip: Evaluating grip gestures for VR Input using a lightweight pen[C]. Proceedings of the 2020 CHI Conference on Human Factors in Computing Systems. Paper 569. DOI: http://doi.org/10.1145/3313831.3376698.

[102] Huang J, Tian F, Fan X, et al. Understanding the uncertainty in 1D unidirectional moving target selection[C]. Proceedings of the 2018 CHI Conference on Human Factors in Computing Systems, 2018: 1-12.

[103] Huang J, Tian F, Li N, et al. Modeling the Uncertainty in 2D Moving Target Selection[C]. Proceedings of the 32nd Annual ACM Symposium on User Interface Software and Technology, 2019: 1031-1043.

[104] Huang J, Tian F, Fan X, et al. Modeling the endpoint uncertainty in crossing-based moving target selection[C]. Proceedings of the 2020 CHI Conference on Human Factors in Computing Systems. Paper 209. DOI: https://doi.org/10.1145/3313831.3376336.

[105] Tu H, Huang S, Yuan J, et al. Crossing-based selection with virtual reality

head-mounted displays[C]. Proceedings of the 2019 CHI Conference on Human Factors in Computing Systems, 2019: 1-14.

[106] Han T, Wang S, Fan M, et al. Mouillé: Exploring wetness illusion on fingertips to enhance immersive experience in VR[C]. Proceedings of the 2020 CHI Conference on Human Factors in Computing Systems. Paper 11. DOI: https://doi.org/10.1145/3313831.3376138.

[107] Han T, Bansal S, Shi X, et al. HapBead: On-skin microfluidic haptic interface using tunable bead[C]. Proceedings of the 2020 CHI Conference on Human Factors in Computing Systems. Paper 063. DOI: https://doi.org/10.1145/3313831.3376190.

[108] Yan Y, Yu C, Ma X, et al. Eyes-free target acquisition in interaction space around the body for virtual reality[C]. Proceedings of the 2018 CHI Conference on Human Factors in Computing Systems, 2018: 1-13.

[109] 大幅面触觉图形显示终端[EB\OL]. https://news.tsinghua.edu.cn/publish/thunews/9650/2018/201810230808283769731 11_.html.

[110] Gong J, Shi Y, Wang J, et al. Escape from the dark jungle: A 3D audio game for emotion regulation[C]. International Conference on Virtual, Augmented and Mixed Reality, 2018: 57-76.

[111] Peng X, Huang J, Li L, et al. Beyond horror and fear: Exploring player experience invoked by emotional challenge in VR games[C]. Extended Abstracts of the 2019 CHI Conference on Human Factors in Computing Systems, 2019: 1-6.

[112] Peng X, Huang J, Denisova A, et al. A Palette of deepened emotions: Exploring emotional challenge in virtual reality games[C]. Proceedings of the 2020 CHI Conference on Human Factors in Computing Systems. Paper 94. DOI: https://doi.org/10.1145/3313831.3376221.

[113] 祝梁生, 王永年. 头盔瞄准系统综述[J]. 火力与指挥控制, 1989 (2): 6.

[114] 王贤明. 头盔瞄准具及其发展[J]. 现代兵器, 1990(10): 33-35.

[115] Cheng D, Wang Y, Hua H, et al. Design of an optical see-through head-mounted display with a low F-number and large field of view using a freeform prism[J]. Applied Optics, 2009, 48(14):2655-2668.

[116] Wu Y, Chen C P, Zhou L, et al. Design of see-through near-eye display for presbyopia[J]. Optics Express, 2017, 25(8): 8937-8949.

[117] Chen Z, Sang X, Lin Q, et al. Acceleration for computer-generated

hologram in head-mounted display with effective diffraction area recording method for eyes[J]. Chinese Optics Letters, 2016, 14(8):27-31.

[118] Yu X, Sang X, Gao X, et al. Dynamic three-dimensional light-field display with large viewing angle based on compound lenticular lens array and multi-projectors[J]. Optics Express, 2019, 27(11): 16024-16031.

[119] He M Y, Zhang H L, Deng H, et al. Dual-view-zone tabletop 3D display system based on integral imaging[J]. Applied Optics, 2018, 57(4): 952-958.

[120] Xia X, Liu X, Li H, et al. A 360-degree floating 3D display based on light field regeneration[J]. Optics Express, 2013, 21(9): 11237-11247.

[121] 陈亮, 余少华. 5G 端到端应用场景的评估和预测. 光通信研究, 2019(3): 1-7.

[122] 陈亮, 余少华. 三维显示业务对后 5G/6G 网络承载能力研究. 光通信研究, 2020(3): 1-7.